초등학교부터 시작하는 논술
오디세이

3 단계

머리말

오디세이는 미국 하버드대학 교수들이 중심이 되어 개발한 세계적인 사고력 개발 프로그램입니다. 어린이철학교육연구소는 지금으로부터 8년 전 이 프로그램을 번역하여 한길사를 통해 펴낸 바 있습니다. 그 후 이 프로그램은 전국의 학부모, 교사들로부터 아낌없는 칭송을 받아 왔습니다. 그러나 이 프로그램의 놀라운 성과와는 별도로 한 가지 해결해야 할 문제가 있었는데, 이는 난이도에 따라 단계적으로 구성되지 않았다는 점입니다. 그 동안 이 프로그램은 주로 초등학생들이 널리 사용해 왔는데, 이때 부딪히는 문제가 바로 그런 문제였던 것입니다. "오디세이 프로그램은 몇 학년부터 이용해야 좋은가? 저학년도 할 수 있을 것 같아 사서 해 보니 갑자기 너무 어려워 도중에 그만두고 말았다." 등등 주로 단계별 난이도에 관한 문의가 많았습니다. 이에 우리 연구소 연구팀은 이 프로그램을 현장에 투입해 본 실전 경험을 살려, 기초가 되는 1단계부터 시작해서 6단계까지 모두 6권의 책으로 이를 재구성해 다시 펴내게 된 것입니다. 이제는 초등학교 1학년부터 6학년까지 누구나 1단계부터 시작하여 차례차례 가능한 단계까지 이 프로그램에 도전할 수 있게 된 것입니다.

〈오디세이〉의 주인공 오디세우스가 온갖 어려움을 극복하고 마침내 꿈에 그리던 고향집으로 돌아갔듯이, 이 책을 공부하는 학생들도 〈오디세이〉의 생각모음을 통해 고차적 사고력을 얻고 뜻했던 곳으로 나아갈 것을 믿습니다. 이 책은 지난 몇 년 간 어린이철학교육연구소에서 공부하는 1학년부터 6학년까지의 어린이들이 실제로 〈오디세이〉 프로그램에 도전하면서 보여준 놀라운 성취와 함께 그들이 만났던 어려움과 시행착오를 밑거름으로 삼아 심규장 박사가 이를 종합·정리하여 다시 만들었습니다.

처음 〈오디세이〉 프로그램을 함께 연구하고 번역할 때 노력을 아끼지 않은 전영삼, 남철우, 서규선, 임근용, 위향숙, 손재원, 김상준 선생님들의 노고를 잊을 수 없으며, 이번에 새로 책을 만들면서 주도적인 노력을 한 심규장 박사께 깊은 감사를 드립니다. 또한 보다 좋은 책이 될 수 있도록 정성을 다한 소년한길 편집부에도 감사를 드립니다.

2002년 11월 19일
어린이철학교육연구소 소장 박민규

3단계에서 배울 내용

문제를 해결하기 위해서는 먼저 그 문제가 '무엇에 관한 것인가'를 제대로 이해해야만 합니다. 이 책에서는 간단한 문제에서부터 복잡한 문제까지, 문제의 의도를 정확하게 파악하고 성공적으로 해결하는 방법을 공부하게 됩니다.

그림이나 기호를 이용한 문제 해결

문제를 잘 이해하기 어려울 때는 한 걸음 물러나 그 문제가 어떻게 짜여져 있는가를 살펴보는 일이 매우 중요합니다. 여기서는 파악하기 어려운 문제를 그림으로 나타내거나 기호로 표시하여 문제의 내용부터 이해하고 차근차근 해결하는 방법을 배울 것입니다.

표를 이용한 문제 해결

문제 속에 두 개 이상의 차원이 포함되어 있어서 그림이나 기호로 나타내기 어려울 경우에는 표를 이용하여 문제를 해결할 수 있습니다. 여기서는 특히 참과 거짓을 따지는 논리적인 차원의 문제를 진리표를 만들어 해결하는 방법을 배우게 됩니다.

흐름도를 이용한 문제 해결

움직이거나 변화하는 상황을 그림으로 나타낸 것을 흐름도라고 합니다. 여기서는 어떤 대상이 움직이는 과정을 흐름도로 나타내어 보고, 이를 이용해서 문제를 푸는 방법을 익히게 됩니다.

차례

머리말 · 2
3단계에서 배울 내용 · 3

Ⅰ. 그림과 기호를 이용한 문제 해결

1. 의미가 분명한 문제와 복잡한 문제
첫 번째 생각여행 그림으로 나타내어 문제 해결하기 · 8
두 번째 생각여행 어려운 부분은 나중에 해결하기 · 13
생각연습 · 15

2. 어렵게 표현된 문제와 필요한 내용이 빠진 문제
첫 번째 생각여행 어려운 낱말, 복잡한 문장으로 이루어진 문제 해결 · 18
두 번째 생각여행 필요한 내용이 빠진 문제 해결 · 22
생각연습 · 24

3. 문제 만들기
첫 번째 생각여행 답이 정해진 문제 만들기 · 26
두 번째 생각여행 주어진 정보로 문제 만들기 · 27
생각연습 · 30

Ⅱ. 표를 이용한 문제 해결

4. 표로 나타내어 해결하기
첫 번째 생각여행 차원이 여러 개인 문제 · 34
생각연습 · 38

5. 값이 없는 항목이 들어 있는 표
첫 번째 생각여행 0이 있는 표 만들기 · 40
생각연습 · 43

6. 진리표를 이용한 문제 풀기 ①
첫 번째 생각여행 ○, ×를 이용해서 문제 해결하기 · 46
생각연습 · 49

7. 진리표를 이용한 문제 풀기 ②
첫 번째 생각여행 ○, ×를 이용해서 문제 해결하기 · 52
생각연습 · 55

Ⅲ. 모의실험을 이용한 문제 해결

8. 실험을 통한 문제 해결
첫 번째 생각여행 문제 상황을 그림으로 그려 보기 · 58
생각연습 · 62

9. 흐름도를 통한 문제 해결
첫 번째 생각여행 문제 상황을 흐름도로 나타내기 · 66
생각연습 · 70

10. 모의실험을 통한 문제 해결
첫 번째 생각여행 문제 상황을 그림이나 흐름도로 나타내기 · 72
생각연습 · 74

11. 그림을 이용한 문제 해결
첫 번째 생각여행 그림을 이용한 문제 해결 · 78
생각연습 · 81

종합연습 · 86

3단계 평가문제 · 90

해답 및 학습지도안 · 102

I. 그림과 기호를 이용한 문제 해결

1 의미가 분명한 문제와 복잡한 문제

▶▶▶ 오늘 생각할 내용

1. 문제에 표현된 차원과 정보를 어떻게 그림이나 기호로 나타낼 수 있을까?
2. 주어진 대상들의 특징, 대상들의 관계를 가장 적절하게 나타낼 수 있는 상징이나 기호는 무엇인가?
3. 해결하기 어려운 부분이 나왔을 때는 어떻게 해야 하는가?

첫 번째 생각 여행 그림으로 나타내어 문제 해결하기

1-1 다음 문제를 읽고 그 해결 방법을 함께 생각해 봅시다.

> 철수는 민수보다 키가 작지만, 은영이보다는 키가 큽니다. 은영이는 철수보다 키가 작지만 선희보다는 키가 큽니다. 이 어린이들 중에서 누가 제일 키가 큰가요? 그리고 제일 작은 사람은 누구인가요?

1) 이 문제는 무엇과 관련된 문제인가요? 다시 말하면, 이 문제의 차원은 무엇인가요?

2) 문제의 해답을 쉽게 알 수 있나요? 문제의 내용을 그림이나 기호로 나타내면 어떨까요? 먼저 '철수는 민수보다 키가 작지만, 은영이보다는 큽니다' 라는 내용을 아래에 막대그림으로 간단하게 나타내 보세요.

3) 위의 그림을 아래에 다시 그리고, 그 사이에 '은영이는 철수보다 키가 작지만 선희보다는 키가 큽니다' 라는 내용을 막대그림으로 나타내어 키를 비교하여 봅시다.

4) 누가 제일 크고, 누가 제일 작은가요?

   ① 제일 큰 사람

   ② 제일 작은 사람

1-2
다음 문제의 차원이 무엇인지 알아보고, 문제의 정보를 어떤 그림이나 기호로 나타낼 것인지 생각해 보세요.

> 은수, 철호, 태식, 재철이는 금성초등학교 3학년에 다니는 남자아이들입니다. 이 아이들은 모두 걸어서 학교에 다닙니다. 은수는 철호보다 더 많이 걷습니다. 태식이는 재철이보다 많이 걷지만 철호보다는 적게 걷습니다. 학교에서 제일 먼 곳에 사는 어린이는 누구인가요? 반대로, 제일 가까운 곳에 사는 어린이는 누구인가요?

1) 이 문제의 차원은 무엇입니까?

2) 주어진 정보를 그림이나 기호로 나타내어 비교해 봅시다.

3) 찾아낸 정답은 무엇인가요?

1-3 이번에는 다른 차원의 문제를 그림이나 기호를 이용해서 해결해 봅시다.

> A, B, C, D는 몸무게가 각각 다릅니다.
> A는 C보다 가볍습니다.
> B는 A보다 가볍지만, D보다는 무겁습니다.
> 누가 제일 무겁습니까?

1) 이 문제는 무슨 차원과 관련된 문제입니까?

2) 이 문제는 어떤 그림이나 기호를 어떤 방향으로 나타내면 좋을지 생각해 보고 아래에 그려 보세요.

3) 찾아낸 정답은 무엇입니까?

1-4 다음 문제를 그림이나 기호로 해결해 봅시다.

> 영희네 강아지는 철수네 강아지보다 더 사납지만, 은주네 강아지보다는 순합니다. 은주네 강아지는 영희네 강아지보다 사납지만, 병식이네 강아지보다는 순합니다.
> 강아지들을 가장 사나운 것부터 차례대로 말해 보세요.

1) 이 문제는 무슨 차원과 관련된 문제입니까?

2) 이 문제는 어떤 그림이나 기호로 나타내면 좋을까요?

3) 찾아낸 정답은 무엇입니까? 괄호 안에 그 내용을 채우세요.
( ) 〉 ( ) 〉 ( ) 〉 ( )

두번째생각여행 어려운 부분은 나중에 해결하기

2-1 다음 문제를 읽고 그 해결 방법을 함께 생각해 봅시다.

> A와 B는 C보다 키가 큽니다.
> D는 B보다 키가 작지만, A보다는 큽니다.

1) 'A와 B는 C보다 키가 큽니다' 라는 문장을 그림으로 나타내어 봅시다.

2) A와 B 중 누구를 앞에 놓아야 할까요? 앞에 제시된 문제만 가지고는 알 수 없지요. 이 문제는 나중에 생각하고 다음 문장을 그림으로 나타내 봅시다.

> D는 B보다 키가 작지만, A보다는 큽니다.

3) 위의 2)에 제시된 문장으로 A, B, C, D를 키가 큰 순서대로 늘어놓아 봅시다.

2-2

'표상전략'(그림이나 기호로 나타내기)과 '연기전략'(어려운 부분은 뒤로 미루기)을 이용하여 다음 문제를 해결해 봅시다.

> 영희 오빠는 여러 나라의 외국어를 배우고 있습니다. 그런데 영희 오빠는 러시아어가 독일어보다 어렵다고 말하고, 이탈리아어는 프랑스어보다 쉽다고 생각합니다. 그리고 독일어가 프랑스어보다 어렵다고 말합니다.
>
> 영희 오빠는 어느 나라 말을 가장 쉽다고 생각하고, 어느 나라 말을 가장 어렵다고 생각하나요?

1) 이 문제는 무슨 차원과 관련된 문제입니까?

2) 이 문제는 어떤 그림이나 기호로 나타내면 좋을까요?

3) 찾아낸 정답은 무엇입니까?

3-1 다음 문제를 그림이나 기호를 이용하여 해결해 보세요.

> 슬기는 민주보다 키가 작습니다. 은하는 민주보다 큽니다. 진실이는 슬기보다 작습니다. 진실이는 은하보다 큰가요, 작은가요?

1) 이 문제의 차원은 무엇입니까?

2) 문제의 내용을 그림이나 기호로 나타내 봅시다.

3) 찾아낸 정답은 무엇입니까?

3-2 다음 문제를 그림이나 기호를 이용하여 해결해 보세요.

> 가나, 다라, 마바, 사아는 슈퍼마켓으로 물건을 사러 갔습니다. 마바는 다라보다 돈을 조금 썼지만, 사아보다는 많이 썼습니다. 가나는 마바보다는 많이 썼지만, 다라보다는 적게 썼습니다.
> 돈을 많이 쓴 사람부터 차례대로 말해 봅시다.

1) 이 문제의 차원은 무엇입니까?

2) 문제의 내용을 그림이나 기호로 나타내 봅시다.

3) 찾아낸 정답은 무엇입니까? 괄호 안에 그 내용을 채우세요.

(   ) > (   ) > (   ) > (   )

3-3 '표상전략' (그림이나 기호로 나타내기)과 '연기전략' (어려운 부분은 뒤로 미루기)을 이용하여 다음 문제를 해결해 봅시다.

> 재호는 현수보다 두 살 어립니다.
> 노마는 현수보다 세 살이 많습니다.
> 동수는 노마보다 여섯 살이 어립니다.
> 나리는 동수보다 다섯 달 늦게 태어났습니다.
> 누구의 나이가 제일 많은가요? 그리고 누가 제일 어린가요?

1) 이 문제는 무슨 차원과 관련된 문제입니까?

2) 이 문제는 어떤 그림이나 기호로 나타내면 좋을까요?

3) 찾아낸 정답은 무엇입니까?

2 어렵게 표현된 문제와 필요한 내용이 빠진 문제

▶▶▶ 오늘 생각할 내용

1. 어려운 낱말, 복잡한 문장으로 된 문제를 그림이나 기호를 이용하여 해결하려면 어떻게 해야 할까?
2. 필요한 내용이 빠져 있는 문제는 어떻게 해결할까?

 어려운 낱말, 복잡한 문장으로 이루어진 문제 해결

1-1 다음 문제를 읽고 그 해결 방법을 함께 생각해 봅시다.

> 재호는 현수보다 단신입니다. 그러나 상대적으로 병태보다는 장신입니다. 병태, 재호, 노마의 신장을 비교해 보면, 병태의 신장이 재호보다 작습니다. 그런데 병태의 신장은 앞 문장에서 언급된 사람들 중에서 마지막 사람의 신장보다 월등히 큽니다. 이들 중에서 가장 장신은 누구입니까?

1) 먼저, 위 문제에서 이해하기 어려운 낱말들이 있으면 밑줄을 긋고, 함께 그 뜻을 알아봅시다.

2) 이 문제는 무슨 차원과 관련된 문제인가요?

3) 앞에서 배운 대로 주어진 정보를 그림이나 기호로 나타내어 비교해 봅시다.

4) 가장 키가 큰 사람은 누구인가요?

1-2 다음 문제에 등장하는 야구선수들 중에서 누구의 타율이 가장 낮습니까? 문제를 읽으면서, 이해하기 어려운 낱말에 표시해 보세요.

> 타자인 정수근 선수와 김동수 선수는 최창호 선수보다 타력이 월등합니다. 선수들의 타력은 평균 타율로 판단할 수 있습니다. 외야수인 김민호 선수의 타율은 3할 1푼인데 신참 외야수 정수근 선수의 타율은 3할 4푼입니다. 고참 선수인 김민호 선수는 무적의 포수인 김동수 선수보다 타력이 우수합니다. 타율이 가장 낮은 사람과 두 번째로 낮은 사람은 누구입니까?

1) 이 문제는 무슨 차원과 관련된 문제입니까?

2) 이 문제를 어떤 그림이나 기호를 사용하여 어떤 방향으로 나타내면 좋을지 생각해 보고 아래에 그려 보세요.

3) 찾아낸 정답은 무엇입니까?

1-3 다음 글을 읽으면서 이해하기 어려운 낱말에 표시해 보세요. 문제에 나오는 어린이들 가운데 누가 가장 높은 점수를 받았나요? 그리고 가장 낮은 점수를 받은 학생은 누구일까요?

> 어린이 여러분, 학교방송입니다. 잠시 여러분께 소식을 전하겠습니다. 우리 학교의 명예를 빛낼 학생 네 명이 학력경시대회에 참가할 수 있는 자격을 취득했습니다. 이제 이들은 교육부에서 후원하는 시 학력경시대회에 출전하게 된 것입니다.
>
> 비공식적으로 알려진 바로는, 영광스런 합격자는 노희정, 김병옥, 변정희, 이정님, 이상 네 명으로 추정됩니다. 추천 자격 시험에서 변정희는 이정님만큼 탁월한 성적을 내지는 못했고, 노희정은 이정님보다 월등한 성적을 낸 것으로 보입니다. 그리고 교장 선생님의 말씀을 토대로 추리해 보면, 김병옥이 노희정보다 우수한 점수를 받은 것 같습니다. 이상 긴급 뉴스를 마칩니다.

1) 이 문제의 차원은 무엇입니까?

2) 그림이나 표로 나타내어 문제를 해결해 봅시다.

3) 찾아낸 정답은 무엇입니까?

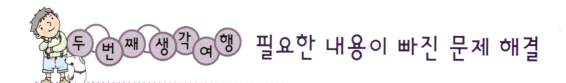

2-1 다음 문제를 읽고 그 해결 방법을 함께 생각해 봅시다.

> 새롬이는 영옥이보다 무겁습니다. 보람이도 영옥이보다 무겁습니다. 그런데 영옥이는 명자보다는 가볍습니다.
> 새롬이는 명자보다 몸무게가 무거울까요, 가벼울까요?

1) 이 문제의 차원은 무엇인가요?

2) 이 문제에서 주어진 정보를 그림이나 표로 나타내어 보세요.

3) 위 문제의 정답은 무엇일까요?

4) 위 문제의 정답을 알아내기 위해서 필요한 정보는 무엇일까요?

2-2 다음 문제를 읽고 해결 방법을 생각해 봅시다.

> 병호와 동수는 동갑입니다.
> 그러나 병호는 정민이보다 나이가 많습니다.
> 정민이는 영신이보다 늦게 태어났습니다.
> 병호는 영신이보다 나이가 많을까요, 적을까요?

1) 이 문제는 무슨 차원과 관련된 문제입니까?

2) 이 문제는 어떤 그림이나 기호로 나타내면 좋을까요?

3) 찾아낸 정답은 무엇입니까?

4) 이 문제를 해결하기 위해서는 어떤 말이 필요한가요? 예를 들어 말해 보세요.

3-1 다음 문제를 그림이나 기호를 이용하여 해결해 보세요.

> 종숙, 은희, 소영, 명옥은 함께 옷을 사러 시장에 갔습니다. 종숙이와 은희는 소영이보다 돈을 많이 썼습니다. 그리고 명옥이는 종숙이보다 적은 돈을 썼지만, 은희보다는 많은 돈을 썼습니다. 누가 돈을 가장 적게 썼나요?

1) 이 문제의 차원은 무엇입니까?

2) 문제의 내용을 그림이나 기호로 나타내 봅시다.

3) 정답은 무엇입니까?

3-2 다음 문제를 그림이나 기호를 이용하여 해결해 보세요.

> 철호와 민수는 학교에서 가장 가까운 곳에 삽니다. 순자는 철호보다 먼 곳에 살지만, 영희보다는 가까운 곳에 삽니다. 경숙이와 현숙이도 영희보다 가까운 곳에 삽니다. 경숙이는 순자보다 먼 곳에 삽니다.
> 순자와 현숙이 중에서 학교에서 먼 곳에 사는 사람은 누구입니까?

1) 이 문제의 차원은 무엇입니까?

2) 문제의 내용을 그림이나 기호로 나타내 봅시다.

3) 정답은 무엇입니까?

4) 문제를 해결하기 위해서 필요한 정보 중에서 빠져 있는 것은 무엇인지 말해 보세요.

3 문제 만들기

▶▶▶오늘 생각할 내용

문제를 직접 만들려면 어떻게 해야 할까?

# 답이 정해진 문제 만들기

1-1 정답이 '10'이 될 수 있는 문제를 2개 만들어 보세요.

1)

2)

1-2 다음 그림의 차원은 '집까지의 거리' 입니다. 이 그림과 같은 답이 나올 수 있는 문제를 만들어 보세요.

주어진 정보로 문제 만들기

2-1 다음과 같은 도형으로 나타낼 수 있는 문제를 아래 차원에 따라 만들어 보세요.

1) 차원: 몸무게

2) 차원: 집의 크기

2-2 다음 그림을 보고 문제를 만들어 보세요.

1) 아래에 주어진 두 가지 정보를 바탕으로 문제를 만들어 보세요.

   ① 차원 : 지구로부터의 거리
   ② 정답 : 명왕성이 지구로부터 가장 멀다

2) 위에 주어진 태양계 그림을 가지고 다른 문제를 또 만들어 보세요.

   ① 차원

   ② 정답

   ③ 문제

2-3

다음 그림으로 나타낼 수 있는 문제를 만들어 보세요.

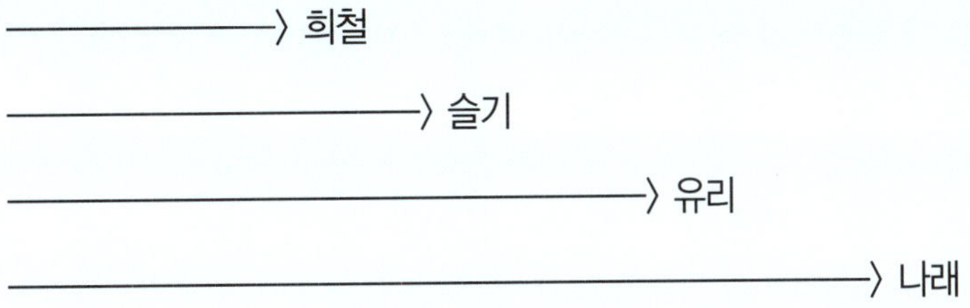

```
————————————→ 희철
————————————————→ 슬기
————————————————————→ 유리
————————————————————————→ 나래
```

1) 아래에 주어진 두 가지 정보를 바탕으로 문제를 만들어 보세요.

① 차원:욕심
② 정답:희철이가 가장 욕심이 없다

2) 위에 주어진 그림을 가지고 다른 문제를 또 만들어 보세요.

① 차원

② 정답

③ 문제

3-1 정답이 '고양이>개' 가 될 수 있는 문제를 2개 이상 만들어 보세요.

1) ① 차원

   ② 정답

2) ① 차원

   ② 정답

3-2

다음에 주어진 그림을 가지고 문제를 만들어 보세요.

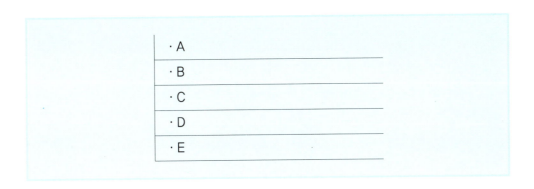

1) 아래에 주어진 두 가지 정보를 바탕으로 문제를 만들어 보세요.

① 차원: 온도

② 정답: 사람이 살기에는 C가 가장 적당한 온도이다

2) 위에 주어진 그림을 가지고 다른 문제를 또 만들어 보세요.

① 차원

② 정답

③ 문제

Ⅱ. 표를 이용한 문제 해결

4 표로 나타내어 해결하기

▶▶▶ **오늘 생각할 내용**

여러 개의 차원이 포함된 문제를 표로 나타내어 해결하려면 어떻게 해야 할까?

 차원이 여러 개인 문제

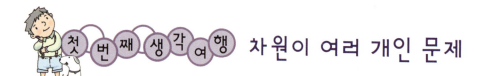

1-1 다음은 2개의 차원이 포함된 문제입니다. 표를 만들어서 해결해 봅시다.

> 병수, 종우, 명호가 갖고 있는 학용품은 모두 합쳐서 9개의 연필과 6개의 지우개이다.
> 병수는 3개의 지우개를 갖고 있고, 종우는 3개의 연필을 갖고 있다. 병수가 가진 학용품은 모두 4개이고, 종우는 병수보다 1개 더 갖고 있다. 명호는 병수의 연필 수와 같은 수의 지우개를 갖고 있다.
> 병수, 종우, 명호는 각각 몇 개의 연필과 지우개를 갖고 있는가?

1) 이 문제에는 어떤 차원들이 포함되어 있나요?

　　　①

　　　②

2) 앞의 내용을 아래의 표에 넣어 가며 해결해 봅시다.

학용품 \ 사람	병수	종우	명호
연필 9개			
지우개 6개			

1-2 다음의 문제는 3개의 차원이 포함된 문제입니다. 표를 만들어서 해결해 봅시다.

> 경주, 은주, 민주는 모두 합쳐 30개의 비디오 테이프를 갖고 있다. 그 가운데 15개는 영화 테이프이고, 나머지는 영어학습 테이프와 과학 테이프이다. 경주는 영화 테이프 3개, 영어학습 테이프 3개를 갖고 있다. 민주는 8개의 테이프를 갖고 있는데 그 중에서 4개는 영화 테이프이다. 경주가 갖고 있는 과학 테이프 수와 민주가 갖고 있는 영화 테이프 수는 같다. 은주가 갖고 있는 과학 테이프 수와 경주가 갖고 있는 영화 테이프 수도 같다. 민주가 갖고 있는 과학 테이프의 수는 경주가 갖고 있는 영화 테이프 수와 같다. 세 사람은 각각 어떤 종류의 테이프를 몇 개씩 갖고 있는가?

1) 이 문제에는 어떤 차원들이 포함되어 있나요?

  ①

  ②

2) 앞의 내용을 아래의 표에 넣어 가며 해결해 봅시다.

테이프＼사람	경주	은주	민주
영화 테이프 15개			
영어학습 테이프 (　)개			
과학 테이프 (　)개			
합계 (　)개			

1-3 다음은 여러 개의 차원이 포함된 문제입니다. 표를 만들어서 해결해 봅시다.

> 정우, 정기, 정호는 모두 97,000원을 갖고 있다. 이 아이들이 갖고 있는 돈은 모두 천 원짜리와 만 원짜리 지폐이다. 정기는 모두 9장을 갖고 있는데, 천 원짜리는 4장이고, 나머지는 만 원짜리이다. 정호는 만 원짜리 3장과 천 원짜리 몇 장을 합쳐서 모두 32,000원을 갖고 있다. 세 어린이들은 천 원짜리와 만 원짜리를 각각 몇 장씩 갖고 있는가?

1) 이 문제에 포함된 차원은 무엇과 무엇인가요?

　①

　②

2) 위의 내용을 아래의 표에 넣어 가며 해결해 봅시다.

지폐＼사람	정우	정기	정호
천 원짜리 (　)장			
만 원짜리 (　)장			

2-1 다음은 여러 개의 차원이 포함된 문제입니다. 표를 만들어서 해결해 봅시다.

> 3학년 1반 선생님은 착한 일을 한 아이에게는 파란 스티커를 1장씩 붙여 주고, 규칙을 어긴 아이에게는 빨간 스티커를 1장씩 붙여 주신다. 1반의 친구들인 인호, 민호, 진호가 받은 스티커는 모두 20장이다. 빨간 스티커가 8장이고 나머지는 파란 스티커이다. 인호가 받은 스티커는 모두 6장인데, 빨간 스티커 수와 파란 스티커의 수가 같다. 민호는 인호가 받은 빨간 스티커 수와 같은 수의 빨간 스티커를 받았다. 진호가 받은 파란 스티커는 5장이다.

1) 세 어린이는 빨간 스티커와 파란 스티커를 몇 장씩 받았을까요?

2) 이 문제에 포함된 차원은 무엇과 무엇인가요?

　　①

　　②

3) 위의 내용을 아래의 표에 넣어 가며 해결해 봅시다.

스티커 색깔 \ 사람			

2-2 다음은 여러 개의 차원이 포함된 문제입니다. 표를 만들어서 해결해 봅시다.

> 아빠, 엄마, 내가 갖고 있는 구두, 운동화, 샌들의 수는 모두 15켤레이다. 한 사람이 5켤레씩 갖고 있는데, 나는 구두를 1켤레 갖고 있고 엄마는 샌들을 1켤레 갖고 있다. 아빠는 구두와 샌들을 각각 2켤레씩 갖고 있다. 나는 아빠와 같은 수의 샌들을 갖고 있고, 엄마는 아빠와 같은 수의 운동화를 갖고 있다.

1) 위의 내용을 아래의 표에 넣어 가며 해결해 봅시다.

2) 세 사람은 어떤 신발을 몇 켤레씩 갖고 있나요?

2-3 다음 표를 가지고 풀 수 있는 문제를 만들어 봅시다.

키우는 동물 \ 사람	A 농장	B 농장	C 농장
닭 (50마리)	10	25	15
개 (30마리)	10	5	15

5 값이 없는 항목이 들어 있는 표

▶▶▶오늘 생각할 내용

'값을 모른다'는 것과 '아무 값도 없다'는 것의 차이는 무엇인가?

 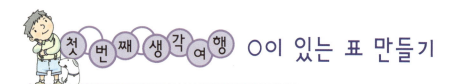

첫 번째 생각여행 0이 있는 표 만들기

1-1 앞에서 배운 대로 다음과 같이 차원이 여러 개인 문제를 해결해 봅시다.

> 명호, 준호, 봉호네 집에는 모두 16마리의 애완동물이 있습니다. 이 중에서 개는 3마리이고, 고양이는 개 숫자의 두 배입니다. 그리고 햄스터와 앵무새가 몇 마리 있습니다. 준호네 집에서는 개와 앵무새를 싫어하지만, 고양이 4마리와 햄스터 2마리를 기릅니다. 봉호네 집에서는 개 1마리와 다른 애완동물 2마리를 기릅니다. 그 2마리는 모두 고양이입니다. 명호네 집에는 3마리의 햄스터와 다른 동물 몇 마리가 있습니다.

1) 위의 내용을 아래의 표에 넣어 가며 해결해 봅시다.

애완동물 \ 사람	명호	준호	봉호	계
개				
고양이				
햄스터				
앵무새				
계				

2) 명호네 집에는 어떤 동물이 몇 마리씩 있습니까?

1-2 다음 문제를 읽고 표를 만들어 해결해 봅시다.

> A씨, B씨, C씨의 자녀 수를 모두 합하면 10명입니다. A씨의 딸인 영미에게는 여동생만 하나 있습니다. B씨는 아들 하나와 딸 둘을 두었습니다. C씨의 자녀는 명옥이라는 딸이 한 명 있고, 나머지는 모두 아들입니다.

1) 위의 내용을 아래의 표에 넣어 가며 해결해 봅시다.

자녀 \ 사람	A씨	B씨	C씨	계
계				

2) C씨에게는 아들이 몇 명인가요?

1-3 각 선수의 득점수를 나타내는 표를 만들어 다음 문제를 해결해 봅시다.

> 프로야구 투수인 A, B, C 선수가 1996년부터 1999년까지 낸 승수는 다음과 같습니다.
>
> A 선수는 1996년과 1999년에 각각 6승을 거두었습니다. 그러나 1997년과 1998년에는 성적이 좋지 못해서, 4년 동안 모두 15승을 거두었습니다. B 선수는 1997년에 14승을 거두었고, 1999년에는 그것의 절반을 거두었습니다. 4년 동안 그가 거둔 승수는 21승입니다. C 선수는 1998년에는 B 선수가 4년 동안 낸 승수와 같은 승수를 거두었고, 다른 해에는 B 선수가 그 해에 거둔 승수와 각각 같은 승수를 거두었습니다. 1998년에 세 선수가 낸 승수의 합은 22승입니다.

1) 위의 내용을 아래의 표에 넣어 가며 해결해 봅시다.

연도 \ 선수	A	B	C	계
1996년				
1997년				
1998년				
1999년				
계				

2) 1997년에 이 선수들이 낸 승수는 모두 몇 승인가요?

3) C 선수가 4년간 거둔 승수의 합계는 얼마인가요?

2-1 다음 문제를 표를 만들어서 해결해 봅시다.

> 나리, 혜리, 세리네 집에서는 강아지를 키우고 있습니다. 세 사람이 키우고 있는 강아지는 모두 12마리입니다. 나리는 푸들을 싫어하지만 콜리와 치와와를 좋아해서 2마리씩 키우고 있습니다. 세리도 역시 나리와 같은 수의 콜리와 치와와를 키우고 있고, 푸들도 한 마리를 키우고 있습니다. 혜리는 푸들 2마리를 키우고 있지만, 콜리는 싫어합니다.

1) 위의 내용을 아래에 표를 만들고 해결해 봅시다.

강아지＼사람	나리	혜리	세리	계
푸들				
콜리				
치와와				
계				

2) 세 사람은 각각 어떤 강아지를 몇 마리씩 키우고 있나요?

2-2 다음 문제를 표를 만들어서 해결하려고 합니다.

> 올림픽 경기에서 A, B, C 세 나라가 육상, 수영, 체조 세 종목에서 딴 금메달의 수는 같다고 합니다. A 나라는 육상에서 2개의 금메달을 땄고, 수영과 체조에서 딴 것을 합하여 모두 6개를 땄습니다. B 나라는 수영과 체조에서 각각 3개의 금메달을 땄습니다. C 나라는 육상에서 A 나라와 같은 수의 금메달을 땄는데, 수영에서는 하나의 메달도 따지 못했습니다.
>
> A, B, C 세 나라가 체조에서 딴 금메달의 수는 각각 몇 개입니까?

1) 위의 내용을 아래에 표를 만들고 해결해 봅시다.

종목＼국가	A	B	C	계
육상				
수영				
체조				
계				

2) 이 문제를 성공적으로 해결하기 위해서는 어떤 정보가 더 필요한가요?

2-3 다음은 영희, 민희, 주희네 집에 있는 것들을 표로 나타낸 것입니다. 이 표를 가지고 해결할 수 있는 문제를 하나 만들어 보세요.

집에 있는 것 \ 사람	영희	민희	주희	계
자동차	2	1	0	3
컴퓨터	1	0	2	3
텔레비전	2	2	2	6
계	5	3	4	12

6 진리표를 이용한 문제 풀기 ①

▶▶▶ 오늘 생각할 내용

O, X 기호를 사용하여 문제를 쉽게 해결하려면 어떻게 해야 할까요?

 O, X를 이용해서 문제 해결하기

1-1 다음 내용을 읽고 문제를 해결해 봅시다.

> 세 명의 여자아이들이 새로 오신 선생님과 이야기를 하고 있습니다. 한 아이는 보라색 블라우스를 입었고, 다른 아이는 빨간색 블라우스를, 또 다른 아이는 진주색 블라우스를 입고 있습니다.
> 선생님께서 아이들에게 이름을 물었습니다. 그러자 보라색 옷을 입고 있는 아이가 "저희들은 진주, 보라, 장미예요."라고 대답했습니다. 그러자 빨간색 옷을 입은 아이가 말했습니다. "제 이름은 진주예요. 보시다시피 저희들 이름은 저희들이 입고 있는 옷 색깔과 같지만, 아무도 자기 이름과 같은 색깔의 블라우스를 입고 있지는 않아요." 이 말을 들은 선생님께서는 "아하, 이제 너희들의 이름을 알 수 있겠구나."라고 말씀하셨습니다.

1) 앞의 내용을 아래의 표에 ○, × 표시를 하면서 해결해 봅시다.

옷 색깔 \ 사람	진주	보라	장미
보라색			
빨간색			
진주색			

2) 세 아이는 각각 어떤 색 블라우스를 입고 있나요?

1-2 다음 내용을 읽고 문제를 해결해 봅시다.

> 은주, 혜영, 성희, 정아는 각각 다른 색깔의 옷을 입고 있습니다. 이 아이들이 입고 있는 옷의 색은 빨강, 초록, 노랑, 검정입니다.
> 아이들은 각각 어떤 색의 옷을 입고 있나요? 다음 표를 완성해 보세요.

1) 위의 내용을 아래의 표에 ○, × 표시를 하면서 해결해 봅시다.

옷 색깔 \ 사람	은주	혜영	성희	정아
빨강	×			
초록			×	
노랑		×	×	
검정	×	×		×

2) 이 문제를 해결할 수 있나요? 해결하기 어렵다면, 어떤 정보가 하나 더 필요한가요?

1-3 다음 내용을 읽고 아래의 표들에 ○, × 표시를 하면서 문제를 해결해 봅시다.

> 민주, 지영, 경희, 정미는 네 가지 색깔의 옷을 각각 다르게 입고 있습니다. 그들이 입고 있는 옷은 빨강, 초록, 노랑, 검정입니다. 다음 4가지 종류의 진리표를 각각 완성해 보고, 누가 무슨 색의 옷을 입고 있는지 알아보세요.

1)

옷 색깔 \ 사람	민주	지영	경희	정미
빨강			×	
초록		○		
노랑	×			
검정	×			×

2)

옷 색깔 \ 사람	민주	지영	경희	정미
빨강	○			
초록			×	
노랑				
검정				○

3)

옷 색깔 \ 사람	민주	지영	경희
빨강	○		
초록			×
노랑			

48 Ⅱ. 표를 이용한 문제 해결

4)

옷 색깔 \ 사람	민주	지영	경희	정미
빨강	×			
초록	×		×	
노랑	×		×	×

2-1 다음 내용을 읽고 아래에 있는 표에 예(○), 아니오(×)를 표시해 봅시다.

> 종수, 범근, 영호는 학교 대표 축구선수입니다. 이 중에서 한 사람은 골키퍼이고, 다른 사람은 수비수와 공격수입니다. 종수는 수비수가 아닙니다. 오늘 오후에 종수는 골키퍼를 하는 친구와 함께 영호의 생일 파티에 초대되었습니다. 영호는 학교 축구 팀에서 무엇을 맡고 있나요?

1) 위의 내용을 아래의 표에 ○, × 표시를 하면서 해결해 봅시다.

맡은 위치 \ 사람	종수	범근	영호
골키퍼			
공격수			
수비수			

2) 영호의 위치는 무엇인가요?

2-2 다음 내용을 읽고 아래에 있는 표에 예(○), 아니오(×)를 표시해 봅시다.

> 영길, 철호, 민수는 서로 다른 과일을 좋아합니다. 세 사람이 좋아하는 과일은 사과, 배, 감입니다. 영길이는 사과나 감을 좋아하지 않습니다. 철호는 사과를 좋아하지 않습니다. 감을 좋아하는 사람은 누구인가요?

1) 위의 내용을 아래에 표로 만들고 ○, × 표를 하면서 해결해 봅시다.

과일 \ 사람	영길	철호	민수
사과			
배			
감			

2) 감을 좋아하는 사람은 누구인가요?

2-3 다음 내용을 읽고 문제를 해결해 봅시다.

> 은철, 경철, 민철, 수철이는 각각 다른 스포츠를 좋아합니다.
> 이 아이들이 좋아하는 스포츠는 축구, 야구, 농구, 탁구입니다.
> 아이들은 각각 어떤 스포츠를 좋아하나요?

1) 아래의 표에 ○, × 표를 하면서 해결해 봅시다.

옷 색깔 \ 사람	은철	경철	민철	수철
축구		×		
야구				×
농구	×			×
탁구	×	×	×	

2) 이 문제를 해결할 수 있나요? 해결하기 어렵다면, 어떤 정보가 하나 더 필요한가요?

2-4

다음 표를 가지고 해결할 수 있는 문제를 만들어 봅시다.

애완동물 \ 사람	영호	영희	영철
강아지	○	×	×
고양이	×	○	×
토끼	×	×	○

7 진리표를 이용한 문제 풀기 ②

▶▶▶오늘 생각할 내용

O, × 기호를 사용하여 문제를 쉽게 해결하려면 어떻게 해야 할까요?

 O, X를 이용해서 문제 해결하기

1-1 다음 내용을 읽고 문제를 해결해 봅시다.

> **거짓말쟁이 모임**
>
> 성호는 친구인 광태와 점심을 먹으면서 거짓말쟁이 모임에 대해 이야기하고 있었습니다. 거짓말쟁이 회원들은 결코 참말을 하지 않을 것을 맹세한다는 것입니다. 가까이 있는 한 식탁을 가리키며 승선이가 말했습니다.
> "저 식탁에는 곧 결혼할 세 쌍이 앉아 있네. 모두 거짓말쟁이 모임의 회원이지. 누가 누구와 결혼하는지 알 수 있겠니? 그들의 이름은 경철, 종호, 명우, 경자, 영옥, 순희야."
> 광태는 그들에게 다가가서 자신을 소개한 뒤, 자신의 목적을 이야기하

고, 경철이에게 누구와 결혼하는지를 물었습니다. 경철이는 경자와 결혼할 것이라고 대답했습니다. 그러자 광태는 경자에게 누구와 결혼할 것인지를 물었습니다. 그녀는 자신의 남편감은 명우라고 말했습니다. 광태는 명우에게도 물었습니다. 그는 순희와 결혼할 것이라고 대답했습니다.

과연 누가 누구와 결혼하게 될까요?

위의 내용을 아래의 표에 ○, × 표를 하면서 해결해 봅시다.

여자 \ 남자	경철	종호	명우
경자			
영옥			
순희			

1-2 다음 내용을 읽고 아래의 표에 순서대로 예(○), 아니오(×)를 표시해 봅시다.

민수네 집에는 햄스터, 토끼, 고양이, 강아지가 각각 한 마리씩 있습니다. 이 순서대로는 아니지만, 동물들의 이름은 씽씽이, 귀염둥이, 꾸러기, 예쁜이입니다. 예쁜이는 가장 작습니다. 강아지는 귀염둥이보다 어립니다. 씽씽이는 토끼보다 사납고, 강아지보다 높은 곳에 잘 올라갑니다.

이름 \ 동물	햄스터	토끼	고양이	강아지
씽씽이				
귀염둥이				
꾸러기				
예쁜이				

1-3 다음 내용을 읽고 아래에 있는 표에 예(○), 아니오(×)를 표시하고, 문제를 해결해 봅시다.

> 마을 대항 축구경기를 하게 되었습니다.
>
> 정호, 병호, 경수, 명수는 모두 골키퍼, 수비수, 공격수를 맡을 수 있는 능력이 있는 선수들입니다. 그런데 경기를 하루 앞두고도 네 사람의 의견이 달라서 누가 어느 위치를 맡아야 할지 결정이 되지 않았습니다.
>
> 다음과 같은 네 사람의 요구를 다 만족시켜 줄 수 있도록 위치를 정해 주려면 어떻게 해야 할까요?
>
> 1. 명수는 자기나 병호가 공격수로 뛰지 않는 한 시합에 나가지 않겠다고 합니다.
> 2. 경수는 수비수가 되고 싶어하지 않습니다.
> 3. 정호는 명수와 함께 뛰기를 싫어하고, 병호가 골키퍼나 수비수가 되는 것을 싫어합니다.
> 4. 병호는 정호가 골키퍼나 공격수가 되는 것을 싫어합니다. 또한 선수 명단에 경수와 명수를 동시에 넣어서는 안 된다고 생각합니다.

	정호	병호	경수	명수
골키퍼				
수비수				
공격수				
빠져야 할 선수				

2-1
다음은 식구가 4명인 어느 가족에 관한 것입니다. 그 네 사람의 직업이 무엇이며, 누가 남자이고 누가 여자인지 알아내 봅시다.

1. 그들의 이름은 A, B, C, D입니다.
2. 그들 가운데 둘은 남자이고, 둘은 여자입니다.
3. 그들의 직업은 순서대로는 아니지만, 교사, 군인, 은행원, 약사입니다.
4. B는 군인의 아들입니다.
5. 군인은 은행원의 아들입니다.
6. C는 여자가 아닙니다.
7. D와 약사는 남매입니다.
8. A는 교사가 아닙니다.

먼저 위에 제시된 단서 1~3을 가지고 아래와 같은 표를 만들었습니다. 각각의 단서를 다시 잘 읽고 아래 표에 ○, × 표를 해 봅시다.

	남자/여자	교사	군인	은행원	약사
A					
B					
C					
D					

2-2 다음 글을 읽고 각각의 어린이들이 좋아하는 운동이 무엇인지 알아봅시다.

> 영호, 진수, 민철, 수경, 은지는 각각 좋아하는 운동이 다릅니다.
> 다섯 아이가 좋아하는 운동은 축구, 수영, 농구, 탁구, 야구입니다.
> 민철이는 가장 큰 공을 가지고 하는 운동을 좋아하고, 은지는 공을 가지고 하는 운동을 모두 싫어합니다. 수경이가 좋아하는 운동의 공은 영호가 좋아하는 운동의 공보다는 작지만, 진수가 좋아하는 운동의 공보다는 큽니다.

위에 제시된 문제를 다시 잘 읽고 아래 표에 ○, ×를 넣어 봅시다.

운동 \ 사람	영호	진수	민철	수경	은지
축구					
농구					
탁구					
야구					
수영					

Ⅲ. 모의실험을 이용한 문제 해결

8 실험을 통한 문제 해결

▶▶▶ 오늘 생각할 내용

복잡한 문제 상황을 쉽게 해결할 수 있는 방법은 무엇일까요?

 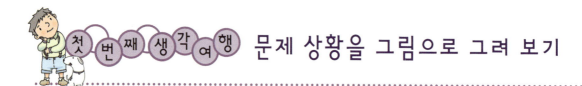

첫 번째 생각여행 문제 상황을 그림으로 그려 보기

1-1 다음 내용을 읽고 순서에 따라서 그림을 그려 가며 해결해 봅시다.

> 달팽이 한 마리가 1m 50cm 높이의 벽을 기어오르려고 합니다. 그런데 이 달팽이는 낮에는 90cm까지 올라갔다가, 밤이 되면 잠을 자는 사이에 밑으로 60cm를 미끄러져 내려온다고 합니다. 이 달팽이가 벽을 끝까지 올라가는 데에는 며칠이 걸릴까요?

1) 벽을 그리고, 높이를 표시해 보세요.

2) 다음 각각의 시간에 달팽이가 움직여 간 거리를 아래 그림에 그려넣어 봅시다.

첫째 날 새벽   첫째 날 낮   둘째 날 새벽   둘째 날 낮   셋째 날 새벽   셋째 날 낮

1-2 다음 내용을 읽고 답을 생각해 봅시다.

> 길이가 1km 되는 기차가 터널 입구에 들어서려고 합니다. 그런데 그 터널은 공사중입니다. 그래서 기차는 1시간에 1km밖에는 갈 수가 없다고 합니다.

1) 위의 내용을 그림으로 나타내고 해결해 봅시다.

시작

1시간 후

2시간 후

2) 이 기차가 터널을 완전히 빠져나가려면 몇 시간이나 걸릴까요?

1-3 다음 내용을 읽고 답을 생각해 봅시다.

> 승용차 한 대가 북쪽을 향해서 가고 있었습니다.
> 그러다가 길을 잃어버려서 되돌아가다가,
> 다시 오른쪽으로 방향을 돌렸습니다.

1) 위의 내용을 그림으로 나타내고 해결해 봅시다.

2) 이 승용차는 지금 어느 방향으로 가고 있나요?

2-1 다음 내용을 읽고 답을 생각해 봅시다.

> 우리 나라에 여행 온 한 외국인이 서울에서 길을 잃어버렸습니다. 이 사람은 길을 따라서 남쪽으로 가다가 왼쪽으로 돌아갔습니다. 그리고 잘못된 것을 깨닫고는 다시 되돌아간 다음, 오른쪽으로 돌아가다가, 또 다시 오른쪽으로 돌아갔습니다.

1) 위의 내용을 그림으로 나타내어 보세요.

2) 지금 이 외국인은 어느 방향을 향해 있나요?

2-2 다음 내용을 읽고 그림으로 나타내어 문제를 해결해 봅시다.

> 개나리길과 진달래길은 서로 직각(ㄴ)으로 만납니다.
> 은행나무길과 소나무길은 십자(+) 모양으로 만납니다.
> 은행나무길과 개나리길은 서로 평행(=)합니다.

1) 위의 내용을 그림으로 나타내어 보세요.

2) 진달래길과 소나무길은 어떻게 만나나요?

2-3 다음 내용을 읽고 답을 생각해 봅시다.

> 길이 10m인 관광버스가 공사중인 50m 길이의 터널을 지나가고 있습니다. 이 버스는 지금 1분에 10m씩 앞으로 나갈 수 있습니다.

1) 위의 내용을 그림으로 나타내고 해결해 봅시다.

시작

버스가 터널에
안전하게 들어갔을 때

버스가 터널을
완전히 빠져나갔을 때

2) 이 버스가 터널을 완전히 빠져나가려면 몇 분이나 걸릴까요?

2-4 다음 내용을 읽고 답을 생각해 봅시다.

> 자동차 4대가 다리 위를 지나고 있습니다. 버스는 트럭 앞에 있고, 택시는 자가용 뒤에 있습니다. 버스가 택시 뒤에 있다면, 이 4대의 차들은 어떤 순서로 달리고 있나요?

1) 위의 내용을 그림으로 나타내고 해결해 봅시다.

2) 차가 달리는 순서대로 적어 보세요.

앞　　　　　　　　　　　　　　　　　　　뒤
(　　　) ― (　　　) ― (　　　) ― (　　　)

9 흐름도를 통한 문제 해결

▶▶▶오늘 생각할 내용

흐름도를 이용하여 복잡한 문제를 쉽게 해결하는 방법은 무엇일까?

 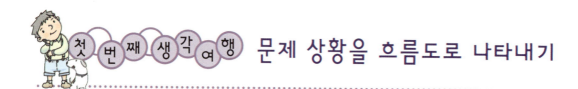

첫 번째 생각여행 문제 상황을 흐름도로 나타내기

1-1 다음 문제를 흐름도로 나타내어 해결해 봅시다.

> 동수, 종호, 병화, 숙희는 함께 공원에 가서 말도 타고 과자도 먹으며 즐겁게 놀았습니다. 그런데 그들은 여러 번 서로 돈을 빌려 주기도 하고 꾸기도 하다 보니, 혼란에 빠지고 말았습니다. 그들의 문제는 이런 것이었습니다.
>
> 동수는 종호로부터 4,000원을 꾸고, 숙희로부터 6,000원을 꾸었습니다. 숙희는 종호에게 5,000원을 빌려 주었고 병화로부터 6,000원을 꾸었습니다. 병화는 동수로부터 2,000원을 꾸었습니다. 또한 종호는 병화로부터 5,000원을 꾸었습니다.
>
> 서로 빌린 돈을 쉽게 갚는 방법은 없을까요?

1) 앞의 내용을 아래 예에 따라 순서대로 흐름도로 나타내어 보세요.

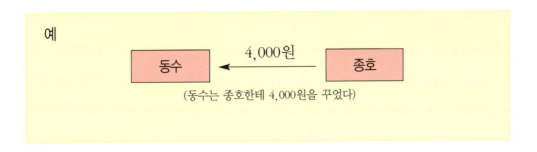
예
(동수는 종호한테 4,000원을 꾸었다)

① "동수는 종호한테 4,000원을 꾸고…"
② "숙희한테 6,000원을 꾸었습니다."
③ "숙희는 종호에게 5,000원을 빌려 주었고…"
④ "병화한테 6,000원을 꾸었습니다."
⑤ "병화는 동수한테 2,000원을 꾸었습니다…"
⑥ "종호는 병화한테 5,000원을 꾸었습니다."

2) 앞의 흐름도를 통해서 알아본 결과를 정리해 봅시다.

```
  (        )의 빚    (        )원
+ (        )의 빚    (        )원
─────────────────────────
                     (        )원


  (        )가 받을 돈 (        )원
+ (        )가 받을 돈 (        )원
─────────────────────────
                     (        )원
```

1-2 다음 내용을 읽고 흐름도를 그려 가며 문제를 해결해 봅시다.

> A는 B로부터 9,000원을 꾸었습니다. B는 C로부터 2,000원을 꾸었고, D로부터 5,000원을 꾸었습니다. A는 B에게 진 빚을 갚기 위해서 B가 D로부터 꾼 돈을 D에게 대신 갚았습니다.
> 그렇다면, A가 아직도 B에게 갚아야 할 돈은 얼마인가요?

1) 위의 내용을 그림으로 나타내고 해결해 봅시다.

```
                    [ A ]

   [ B ]                        [ D ]

              [ C ]
```

2) 아직도 A는 B에게 (   )원을 갚아야 한다.

1-3 다음 문제를 읽고 흐름도를 그려 가며 해결해 봅시다.

> 숙희는 정순이에게 70,000원을 빌려 주었습니다. 그러나 조카인 영옥이에게서 150,000원을 꾸었고, 이웃 사람인 명선이에게서 320,000원을 꾸었습니다. 명선이는 영옥이에게서 30,000원을 꾸었고, 정순이에게서 70,000원을 꾸었습니다.
> 어느 날 이들은 모두 정순이네 집에 모여 빚을 갚기로 하였습니다.
> 어떻게 하면 빚을 모두 청산할 수 있을까요? 받아야 할 돈이 180,000원인 사람은 누구일까요?

1) 위의 내용을 흐름도로 나타내어 해결해 봅시다.

   숙희

   정순   명선

   영옥

2) 180,000원을 받아야 할 사람은 (   )이다.

2-1 다음 내용을 읽고 흐름도를 그려 해결해 봅시다.

> 개구리팀, 너구리팀, 독수리팀, 호랑이팀이 축구 시합을 했습니다.
> 개구리팀은 너구리팀을 1:0으로 이겼고, 너구리팀은 독수리팀에게 0:2로 졌습니다. 독수리팀은 호랑이팀에게 2:1로 이겼고, 호랑이팀은 개구리팀에게 2:0으로 이겼습니다. 개구리팀은 독수리팀에게 2:1로 이겼고, 너구리팀은 호랑이팀에게 3:1로 졌습니다.
> 어느 팀의 성적이 가장 좋습니까?

1) 위의 내용을 흐름도로 나타내어 보세요.

2) 각 팀의 승패는 어떻습니까?

　　① 개구리팀:(　　)승 (　　)패

　　② 너구리팀:(　　)승 (　　)패

　　③ 독수리팀:(　　)승 (　　)패

　　④ 호랑이팀:(　　)승 (　　)패

3) 각 팀이 얻은 점수와 잃은 점수는 얼마입니까?

　　① 개구리팀:승점(　　), 실점(　　)

　　② 너구리팀:승점(　　), 실점(　　)

　　③ 독수리팀:승점(　　), 실점(　　)

　　④ 호랑이팀:승점(　　), 실점(　　)

4) (　　　　　)의 성적이 가장 우수합니다.

 모의실험을 통한 문제 해결

▶▶▶오늘 생각할 내용

복잡한 문제의 내용을 그 상황에 따라 그림이나 흐름도를 그려서 쉽게 해결하는 방법은 무엇일까?

 문제 상황을 그림이나 흐름도로 나타내기

1-1 다음 문제를 그림으로 나타내어 해결해 봅시다.

> **서쪽을 향하여**
>
> 어떤 도시에서 한 사람이 서쪽을 향해 걷고 있었습니다. 그러다가 점심을 먹기 위해 전에 보았던 한식집을 찾아 다시 되돌아갔습니다. 다음 모퉁이에서 왼쪽으로 돌아가다가 다시 다음 모퉁이에서 오른쪽으로 돌아가다가 또 다시 오른쪽으로 돌아갔습니다.
>
> 점심을 먹고 서쪽을 향해 가기 위해서는 어느 쪽으로 돌아가야 할까요?

1) 문제의 내용을 그림으로 나타내어 보세요.

2) 정답은 무엇입니까?

1-2 다음 문제를 그림이나 흐름도로 나타내어 해결해 봅시다.

> 어떤 도시에 있는 '은행나무길'은 동쪽에서 서쪽으로 뻗어 있습니다. 그 길의 중간쯤에는 '단풍나무길'이 북쪽에서 남쪽으로 이어져 있습니다. 그리고 좀더 서쪽으로 걸어가면 '소나무길'이 남쪽에서 북쪽으로 나 있습니다.
> 그렇다면 '단풍나무길'과 '소나무길'은 서로 어떤 방향으로 나 있을까요? 그리고 두 길은 서로 만날 수 있나요?

1) 문제의 내용을 그림으로 나타내어 보세요.

2) 정답은 무엇입니까?

2-1 다음 문제를 그림이나 흐름도로 나타내어 해결해 봅시다.

세 개의 기름탱크 ㉮, ㉯, ㉰가 다음 그림과 같이 튜브와 밸브로 연결되어 있습니다.

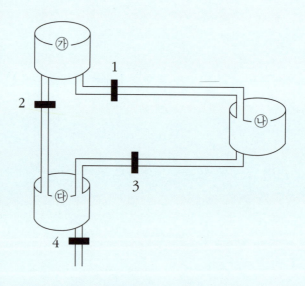

밸브 4를 통해 10배럴의 기름이 탱크 ㉰에서 빠져나왔습니다. 빠져나간 것을 채워 넣기 위해 밸브 3을 통해 탱크 ㉯로부터 탱크 ㉰로 6배럴의 기름을 흘려 보냈습니다. 그리고 밸브 2를 통해 탱크 ㉮로부터 탱크 ㉰로 4배럴의 기름을 흘려 보냈습니다.

1) 세 개의 탱크를 다음과 같이 그림으로 나타내고 기름의 흐름을 화살표로 표시해 보세요.

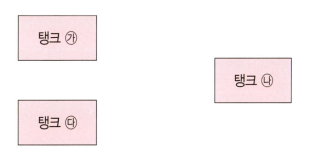

2) 탱크 ㉯의 기름을 보충하려면, 탱크 ㉮로부터 어느 밸브를 통해서 얼마를 흘려 보내야 하나요?

2-2 다음 문제를 그림이나 흐름도로 나타내어 해결해 봅시다.

> 영수, 철호, 은주는 동네 공터에 꽃밭을 가꾸기로 했습니다. 영수는 전체 꽃밭의 1/4을 가꾸기로 했고, 철호는 나머지의 5/9를 가꾸기로 했습니다.
> 그렇다면 은주는 전체 꽃밭의 얼마만큼을 가꾸게 될까요?

1) 문제의 내용을 그림으로 나타내어 보세요.

2) 정답은 무엇입니까?

2-3 순영이가 자기 집에서 파출소를 지나서 학교까지 가장 가깝게 가는 방법은 모두 몇 가지인가요? 다음 표 위에 직접 그려 가면서 문제를 해결해 봅시다.

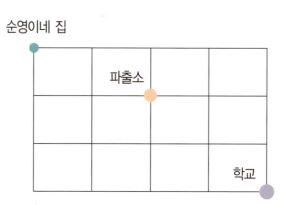

2-4 다음 문제를 그림이나 흐름도로 나타내어 해결해 봅시다.

> 1분에 5m를 가는 개미가 10시 정각에 목적지를 향해서 출발했습니다. 이 개미가 먼저 출발한 15분 뒤에, 1분에 10m를 가는 거미가 출발했습니다. 그리고 그 거미가 출발한 5분 뒤에는 바퀴벌레가 출발을 했는데, 10시 30분에 개미, 거미, 바퀴벌레 모두 한 장소에서 만나게 되었답니다.
> 그렇다면, 바퀴벌레는 1분에 몇 m의 속도로 달렸을까요?
> (단, 개미와 거미와 바퀴벌레가 줄곧 같은 속도로 달렸다고 가정하고 문제를 해결해 봅시다.)

1) 문제의 내용을 그림으로 나타내어 보세요.

2) 정답은 무엇입니까?

그림을 이용한 문제 해결

▶▶▶ **오늘 생각할 내용**

주어진 문제를 그림으로 나타내어 해결하기

첫 번째 생각여행 그림을 이용한 문제 해결

1-1 다음 문제의 내용을 그림으로 나타내며 해결해 봅시다.

> 어떤 글쓰기 모임의 회원들이 글을 한 편씩 썼습니다. 두 명씩 짝을 지어 서로의 글을 읽고 평해 주어야 한다고 합니다. 정희는 경선이나 명수가 자신의 원고를 읽어 주기를 원했습니다. 경선이는 성옥이나 영순이가 자기의 원고를 읽어 주기를 원했습니다.
>
> 영순이는 경선이나 순호가 자신의 원고를 읽어 주기를 원했습니다. 성옥이는 오직 순호가 자신의 원고를 읽어 주기를 원했습니다. 순호는 성옥이나 정희, 또는 영순이가 자신의 원고를 읽어 주기를 원했습니다.
>
> 그렇다면 모두가 만족할 수 있는 사람으로 하려면 누구를 정하는 것이 좋겠습니까?

1) 문제의 내용을 그림으로 나타내어 보세요.

2) 찾아낸 해답은 무엇인가요?

1-2 다음 문제의 내용을 그림으로 나타내며 해결해 봅시다.

> 로스앤젤레스에 살고 계신 외삼촌은 동서로 뻗은 21번가와 22번가 사이에서 남북으로 뻗은 30번가에 집이 있습니다. 이 집은 30번가와 21번가의 교차로에서 22번가 쪽으로 걸어 들어가면 오른쪽으로 다섯 번째 집입니다. 그리고 다른 교차로, 즉 30번가와 22번가의 교차로에서 21번가 쪽으로 걸어 들어가면 왼쪽으로 열 번째에 있습니다.
> 우리 외삼촌네 집 쪽에는 집이 몇 채가 있을까요?

1) 다음 그림 위에 나타내어 보세요.

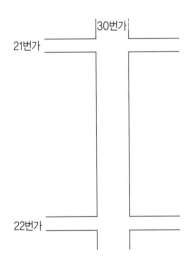

2) 찾아낸 해답은 무엇인가요?

1-3 다음 문제의 내용을 그림으로 나타내며 해결해 봅시다.

> 6명이서 다른 사람과 모두 한 번씩 악수를 하려고 합니다. 6명이 하게 되는 악수는 모두 몇번인가요?

1) 문제의 내용을 그림으로 나타내어 보세요.

2) 찾아낸 해답은 무엇인가요?

1-4 다음 문제의 내용을 그림으로 나타내며 해결해 봅시다.

> 직사각형을 세 개의 직선으로 나눌때, 최대 몇 개까지의 도형으로 나누어질 수 있을까요?
>
> 예) 2개의 직선으로 나눌때, 최대 4개로 나뉘어집니다.

1) 문제의 내용을 그림으로 나타내어 보세요.

2) 찾아낸 해답은 무엇인가요?

2-1 다음 문제의 내용을 그림으로 나타내며 해결해 봅시다.

> 아래에 있는 그림과 같은 유리관 속의 왼쪽에는 세 개의 흰색 당구공이, 오른쪽에는 세 개의 빨간색 당구공이 들어 있습니다. 그런데 이 유리관 가운데에 볼록하게 넓혀진 공간이 있어 단 하나의 당구공이 들어갈 만한 여유가 있기 때문에 이 공간을 통해 하나의 당구공을 줄에서 빼낼 수 있습니다.
>
>
>
> 이 유리관을 오른쪽에서 왼쪽으로 돌리지 않고, 최소한의 회수로 왼쪽에 있는 흰색 당구공 세 개를 모두 오른쪽으로, 그리고 오른쪽에 있는 빨간색 당구공 세 개를 모두 왼쪽으로 보내려면 어떻게 해야 할까요?

1) 문제의 내용을 그림으로 나타내어 보세요.

2) 찾아낸 해답은 무엇인가요?

2-2 다음 문제의 내용을 그림으로 나타내며 해결해 봅시다.

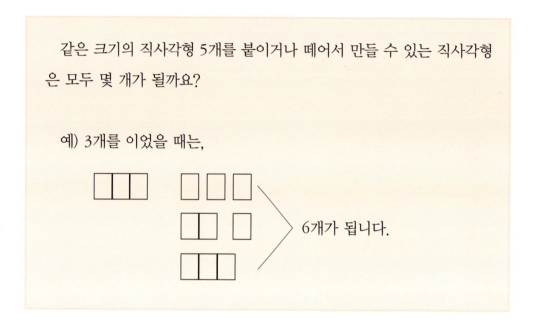

1) 문제의 내용을 그림으로 나타내어 보세요.

2) 찾아낸 해답은 무엇인가요?

2-3 다음 문제의 내용을 그림으로 나타내어 해결해 보세요.

> 진호는 용돈으로 6,000원을 받습니다. 그 중에서 1/2은 저금을 했습니다. 그리고 나머지의 1/4은 과자를 사먹었습니다. 진호에게 남은 돈은 얼마일까요?

1) 문제의 내용을 그림으로 나타내어 보세요.

2) 찾아낸 해답은 무엇인가요?

종합연습 및 3단계 평가문제

1 다음 문제를 읽고 그 해결 방법을 함께 생각해 봅시다.

> 수진, 경주, 철민, 대호는 공 멀리던지기 시합을 했습니다.
> 수진이는 철민이보다 멀리 던지지 못했습니다.
> 경주는 수진이보다 멀리 던지지 못했지만, 대호보다는 멀리 던졌습니다.
> 누가 공을 제일 멀리 던졌을까요?

1) 이 문제는 무슨 차원과 관련된 문제입니까?

2) 이 문제는 어떤 그림이나 기호를 어떤 방향으로 나타내면 좋을지 생각해 보고 아래에 그려 보세요.

2 다음 문제를 그림이나 기호로 나타내어 해결해 봅시다. 해결하기 어려운 부분은 뒤로 미루어 놓고 생각해 보세요.

> 바둑이는 복술이보다 두 살 어립니다.
> 멍멍이는 복술이보다 한 살이 많습니다.
> 흰둥이는 멍멍이보다 한 살이 많습니다.
> 검둥이는 흰둥이보다 한 살 반 늦게 태어났습니다.
> 검둥이와 복술이 중에서 누가 더 어린가요?

1) 이 문제는 무슨 차원과 관련된 문제입니까?

2) 이 문제는 어떤 그림이나 기호로 나타내면 좋을까요?
   잘 생각해 보고 아래에 나타내어 보세요.

3 다음은 2개의 차원이 포함된 문제입니다. 표를 만들어서 해결해 봅시다.

> 세리, 해리, 테리가 가지고 있는 인형은 모두 합쳐서 12개의 사람인형과 9개의 동물인형입니다. 세리는 5개의 동물인형을 가지고 있고, 해리는 6개의 사람인형을 가지고 있습니다. 세리가 가진 인형은 모두 8개이고, 해리는 세리와 같은 수의 인형을 가지고 있습니다.

1) 위의 내용을 아래의 표에 넣어 가며 해결해 봅시다.

인형 \ 사람	세리	해리	테리
사람인형 12개			
동물인형 9개			

2) 세리, 해리, 테리는 각각 몇 개의 사람인형과 동물인형을 가지고 있나요?

4 다음 내용을 읽고 그림을 그려 가며 답을 생각해 봅시다.

> 너구리마을에 놀러 온 멍멍이가 길을 잃어버렸습니다. 멍멍이는 큰길을 따라서 북쪽으로 가다가 오른쪽으로 돌아갔습니다. 그리고 잘못된 것을 깨닫고는 다시 되돌아간 다음, 왼쪽으로 돌아가다가, 또다시 왼쪽으로 돌아갔습니다.

1) 멍멍이가 움직인 방향대로 그림을 그려 보세요.

● 출발점

2) 지금 멍멍이는 어느 방향을 향해 있나요?

5 다음 내용을 읽고 문제를 해결해 봅시다.

> 진수, 상수, 병수, 홍수는 문화초등학교 3학년 같은 반 아이들입니다. 이 순서대로는 아니지만, 이 아이들의 별명은 흔들이, 쥐돌이, 꾀돌이, 씩씩이입니다. 씩씩이는 상수나 꾀돌이와 친하지 않고, 홍수는 쥐돌이나 씩씩이와 친하지 않습니다. 그리고 흔들이는 상수와 병수와는 친하지 않습니다. 그러나 병수는 꾀돌이와 진수와는 아주 친합니다.

1) 아래에 있는 표에 예(○), 아니오(×)를 표시해 봅시다.

별명 \ 어린이	진수	상수	병수	홍수
흔들이				
쥐돌이				
꾀돌이				
씩씩이				

2) 이 네 명의 별명은 무엇일까요?

6 다음 내용을 읽고 흐름도를 그려 가며 답을 생각해 봅시다.

> A, B, C, D 네 사람은 서로 아주 친하기 때문에 자주 돈을 빌려 주기도 하고 꾸기도 했습니다. A는 B로부터 8만 원을 꾸고, C로부터 12만 원을 꾸었습니다. C는 B에게 10만 원을 빌려 주었고, D로부터 12만 원을 꾸었습니다. D는 A로부터 4만 원을 꾸었습니다.

1) 흐름도를 그려 보세요.

2) 꾼 돈을 갚는 일을 한 번에 간단하게 처리할 수 있는 방법은 무엇인가요?

3단계 평가문제

1 다음 문제를 읽고 그 해결 방법을 생각해 봅시다.

> A, B, C, D는 키가 각각 다릅니다.
> A는 C보다 작습니다.
> B는 A보다 작지만, D보다는 큽니다.
> 누가 가장 큽니까?

1) 이 문제는 무슨 차원과 관련된 문제입니까?

2) 이 문제는 어떤 그림이나 기호를 어떤 방향으로 나타내면 좋을지 생각해 보고 아래에 그려 보세요. A, B, C, D 중 누가 가장 큰가요?

2 다음 문제를 그림이나 기호로 나타내어 해결하거나 어려운 부분은 나중에 해결하는 방법을 이용하여 다음 문제를 해결해 봅시다.

> 영희 오빠는 여러 가지 운동을 배우고 있습니다. 그런데 영희 오빠는 태권도가 수영보다 어렵다고 말하고, 테니스는 탁구보다 쉽다고 생각합니다. 그리고 수영이 탁구보다 어렵다고 말합니다.

1) 이 문제는 무슨 차원과 관련된 문제입니까?

2) 이 문제를 그림이나 기호로 나타내어 해결해 보세요. 영희 오빠는 어느 운동을 가장 쉽다고 생각하고, 어느 운동을 가장 어렵다고 생각하나요?

3 다음 문제를 그림이나 기호로 나타내어 해결해 봅시다. 해결하기 어려운 부분은 뒤로 미루어 놓고 생각해 보세요.

> 경주는 민희보다 세 살 어립니다.
> 노마는 민희보다 두 살이 많습니다.
> 동수는 노마보다 두 해 먼저 태어났습니다.
> 나리는 동수보다 다섯 달 늦게 태어났습니다.
> 누구의 나이가 제일 많은가요? 그리고 누가 제일 어린가요?

1) 이 문제는 무슨 차원과 관련된 문제입니까?

2) 이 문제는 어떤 그림이나 기호로 나타내면 좋을까요? 누가 가장 나이가 많고, 누가 가장 어린가요?

4 다음은 2개의 차원이 포함된 문제입니다. 표를 만들어서 해결해 봅시다.

> 박씨, 정씨, 김씨가 키우고 있는 가축은 모두 합쳐서 9마리의 닭과 6마리의 소이다.
> 박씨는 3마리의 소를 키우고 있고, 정씨는 3마리의 닭을 키우고 있다. 박씨가 키우는 가축은 모두 4마리이고, 정씨는 박씨보다 1마리 더 키우고 있다. 김씨는 박씨의 닭 수와 같은 수의 소를 갖고 있다.
> 박씨, 정씨, 김씨는 각각 몇 마리의 닭과 소를 키우고 있는가?

가축＼사람	박씨	정씨	김씨
닭 9마리			
소 6마리			

5 다음은 여러 개의 차원이 포함된 문제입니다. 표를 만들어서 해결해 봅시다.

> 아빠, 엄마, 내가 갖고 있는 모자, 장갑, 목도리의 수는 모두 15개이다. 한 사람이 5개씩 갖고 있는데, 나는 모자를 1개 갖고 있고 엄마는 목도리를 1개 갖고 있다. 아빠는 모자와 목도리를 각각 2개씩 갖고 있다. 나는 아빠와 같은 수의 목도리를 갖고 있고, 엄마는 아빠와 같은 수의 장갑을 갖고 있다.
> 엄마는 모자를 몇 개 갖고 있는가?

종류＼사람	아빠	엄마	나	계
모자				
장갑				
목도리				
계				

6 다음 표를 가지고 풀 수 있는 문제를 만들어 봅시다.

과일나무 \ 농장	곰 농장	너구리 농장	까치 농장
사과 50그루	15	25	10
복숭아 30그루	15	5	10

7 '정답:5시간' 이 될 수 있는 문제를 2개 만들어 보세요

   1)

   2)

8 다음과 같은 표로 나타낼 수 있는 문제를 주어진 차원에 따라서 만들어 보세요.

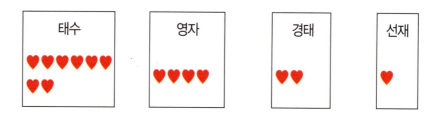

1) 차원: 친구의 수

   문제:

2) 차원: 상장의 수

   문제:

9 다음에 주어진 그림을 가지고 문제를 만들어 보세요.

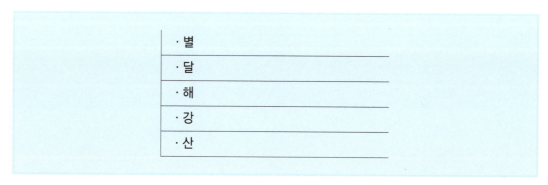

1) 차원

2) 정답

3) 문제

10 위에 주어진 표를 이용해서 다른 문제를 또 만들어 보세요.

1) 차원

2) 정답

3) 문제

11 다음과 같은 한 쌍의 낱말들이 어떻게 비슷하면서도 다른 뜻을 갖는지 적어 보세요.

1) 머리 : 머리카락

2) 똑똑한 : 여우 같은

12 밑줄친 낱말과 가장 가까운 동의어는 무엇일까요? 괄호 안에 있는 낱말로 바꾸어 넣고 생각해 봅시다.

1) 강아지는 주인을 향해서 <u>쏜살같이</u> 달려갔습니다.
   (빠르다, 빠름, 빠르게, 세게)

2) 사람들이 <u>개미 떼처럼</u> 몰려들었다.
   (아주 많다, 천천히, 아주 많이, 아주 크게)

13 다음 내용을 읽고 순서에 따라서 그림을 그려 가며 해결해 봅시다.

> 애벌레 한 마리가 120cm 높이의 벽을 기어오르려고 합니다. 그런데 이 애벌레는 낮에는 80cm까지 올라갔다가, 밤이 되면 잠을 자는 사이에 밑으로 40cm를 미끄러져 내려온다고 합니다. 이 애벌레가 벽을 끝까지 올라가는 데에는 며칠이 걸릴까요?

1) 다음 각각의 시간에 지렁이가 움직여 간 거리를 그림에 그려 가며 해결해 보세요.

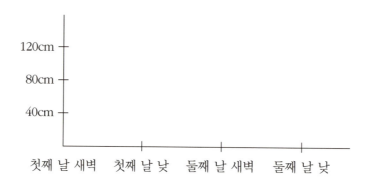

2) 이 애벌레가 벽을 끝까지 올라가는 데에는 며칠이 걸릴까요?

14 다음 내용을 읽고 답을 생각해 봅시다.

> 부산에 여행 온 민철이가 길을 잃어버렸습니다. 민철이는 길을 따라서 남쪽으로 가다가 왼쪽으로 돌아갔습니다. 그리고 잘못된 것을 깨닫고는 다시 되돌아간 다음, 오른쪽으로 돌아가다가, 또다시 오른쪽으로 돌아갔습니다.
> 지금 민철이는 어느 방향을 향해 있나요?

15 다음 내용을 읽고 아래에 있는 표에 예(○), 아니오(×)를 표시하고, 문제를 해결해 봅시다.

> 민수네 집에는 진돗개, 삽살개, 풍산개, 쉐퍼드가 각각 한 마리씩 있습니다. 이 순서대로는 아니지만, 동물들의 이름은 씽씽이, 귀염둥이, 꾸러기, 예쁜이 입니다. 예쁜이는 삽살개나 진돗개와 친합니다. 쉐퍼드는 씽씽이와 귀염둥이 보다 어립니다. 씽씽이는 삽살개와 풍산개하고 친하지 않고, 삽살개는 귀염둥 이를 싫어합니다. 민수네 개들의 이름은 각각 무엇인가요?

이름＼동물	진돗개	삽살개	풍산개	쉐퍼드
씽씽이				
귀염둥이				
꾸러기				
예쁜이				

16 다음은 식구가 4명인 어느 가족에 관한 것입니다. 그 네 사람의 직업이 무엇이고, 누가 남자고 누가 여자인지 알아내 봅시다.

1. 그들의 이름은 가, 나, 다, 라입니다.
2. 그들 가운데 둘은 남자이고, 둘은 여자입니다.
3. 그들의 직업은 순서대로는 아니지만, 의사, 경찰관, 은행원, 변호사입니다.
4. 〈나〉는 경찰관의 아들입니다.
5. 〈다〉는 여자가 아닙니다.
6. 〈라〉와 변호사는 남매입니다.
7. 〈가〉는 의사와 경찰관이 아닙니다.

	가	나	다	라
의사				
경찰관				
은행원				
변호사				
남자/여자				

17 다음 내용을 읽고 문제를 해결해 봅시다.

김씨, 이씨, 박씨는 서로 다른 음식을 좋아합니다. 세 사람이 좋아하는 음식은 된장찌개, 김치찌개, 두부찌개입니다. 김씨는 된장찌개나 김치찌개를 좋아하지 않습니다. 이씨는 된장찌개를 좋아하지 않습니다. 김치찌개를 좋아하는 사람은 누구인가요?

앞의 내용을 아래에 표로 만들고 ○, × 표를 하면서 해결해 봅시다.

음식＼사람	김씨	이씨	박씨
된장찌개			
김치찌개			
두부찌개			

18 다음 문제를 표를 만들어서 해결해 봅시다.

> 나리, 세리, 혜리네 집에서는 애완동물을 키우고 있습니다. 세 사람이 키우고 있는 애완동물은 모두 12마리입니다. 나리는 강아지를 싫어하지만 햄스터와 고양이를 좋아해서 2마리씩 키우고 있습니다. 세리도 역시 나리와 같은 수의 햄스터와 고양이를 키우고 있고, 강아지도 한 마리 키우고 있습니다. 혜리는 강아지 2마리를 키우고 있지만, 햄스터는 싫어합니다.
>
> 세 사람은 각각 어떤 애완동물을 몇 마리씩 키우고 있나요?

동물＼사람	나리	세리	혜리
강아지			
고양이			
햄스터			
계(12)			

19 다음 문제를 표를 만들어서 해결해 봅시다.

> 올림픽 경기에서 한국, 미국 일본 세 나라가 육상, 수영, 체조 세 종목에서 딴 금메달의 수는 같다고 합니다. 한국은 육상에서 2개의 금메달을 땄고, 수영과 체조에서 딴 것을 합하여 모두 6개를 땄습니다. 미국은 수영과 체조에서 각각 3개의 금메달을 땄는데, 한국 역시 수영에서 3개의 금메달을 땄습니다. 일본은 육상에서 한국과 같은 수의 금메달을 땄는데, 수영 종목에서는 하나의 메달도 따지 못했습니다.
> 한국 미국, 일본 세 나라가 체조에서 딴 금메달의 수는 각각 얼마입니까?

종목＼사람	한국	미국	일본
육상			
수영			
체조			
계			

20 다음은 개구리 마을, 너구리 마을, 독수리 마을에 있는 것들을 표로 나타낸 것입니다. 이 표를 가지고 해결할 수 있는 문제를 하나 만들어 보세요.

집에 있는 것＼사람	개구리 마을	너구리 마을	독수리 마을	계
놀이터	2	1	0	3
극장	1	0	2	3
축구장	2	2	2	6
계	5	3	4	12

해답 및 학습지도안

I. 그림과 기호를 이용한 문제 해결

1. 의미가 분명한 문제와 복잡한 문제

주어진 문제의 차원과 정보들을 그림으로 그리거나 기호로 나타내어 쉽게 해결할 수 있는 방법을 찾는다.

첫 번째 생각여행 8~12쪽

▶ "때로는 혼란스러운 내용이나 상황에서 한 걸음 물러나 그것들이 어떻게 짜여져 있는가를 살펴보는 일이 매우 중요합니다. 여기서는 그림을 그리거나 기호로 표시하여 문제의 내용을 파악하고 해결하는 방법을 익히게 됩니다."

1-1

1) 키의 차원
2) 민수〉 철수〉 은영

▷ 막대그림을 칠판에 그려 보여준다. 물론, 반드시 그림을 이대로 그리라는 법은 없다. 학생들이 생각해 낸 방법을 들어보고 그 중에서 한 방법을 따라도 좋다.

3) 민수〉 철수〉 은영〉 선희

4) ① 민수 ② 선희

▶ "처음에는 복잡하고 어려운 문제 같지만, 그림을 그려 가면서 생각하니까 쉽게 답을 찾을 수 있었습니다. 이처럼 그림을 그리거나 기호로 나타내어 문제를 해결하는 방법을 '표상 전략'이라고 합니다."

1-2

1) 집이 학교에서 가까운 정도
2) 은수〉 철호〉 태식〉 재철

▷ 막대그림, 직선, 화살표 등을 가로 방향, 세로 방향, 대각선 방향 등으로 다양하게 그릴 수 있다.

3) 학교에서 제일 먼 곳에 사는 어린이는 은수이고 제일 가까운 곳에 사는 어린이는 재철이다.

1-3

1) 몸무게
2) C〉 A〉 B〉 D

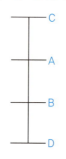

3) C

1-4

1) 강아지들의 순한 정도
2)

▷ 이 문제의 차원은 그림이나 기호로 나타내기가 어려운 문

제이다. 강아지 얼굴, 원, 수직선, 부등호 등 여러 가지로 생각해 보고 나타내어 보게 한다.

2) 병식이네 강아지〉 은주네 강아지〉 영희네 강아지〉 철수네 강아지

두 번째 생각여행 13~14쪽

▷앞에서 한 것처럼 그림이나 기호를 이용하여 문제를 해결해 나가는 방법을 '표상전략'이라고 한다. 여기에서는 표상전략을 이용하되, 어떻게 나타내야 할지 불분명할 때 잠시 미루어 두었다가, 분명한 정보를 나타낸 다음에 다시 나타내 보는 방법이 적용된다. 이 방법을 '지연전략'(또는 연기전략)이라고 한다.

▶ "여러분은 2단계 과정에서 지혜모양판 놀이를 해 본 적이 있지요? 때때로 모양판의 어떤 부분은 맞출 조각을 아무리 찾아도 찾지 못할 경우가 있었습니다. 그럴 경우 그 부분을 일단 포기하고 다른 부분을 먼저 맞추어 가다 보면, 힘들여 찾던 그 조각이 뒤늦게 나타내기도 했을 것입니다. 여기에서도 문제를 해결하는 과정에서 어려운 부분이 나오면 그 부분은 다음으로 미루어 두고, 다른 부분을 먼저 풀어 봅시다."

2-1

1) A, B〉 C

▷A와 B의 크기를 비교할 수 없기 때문에 학생들이 어려움을 겪을 것이다. 그럴 때는 다음 문제를 제시한다.

2)

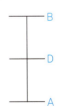

▶ "이제 우리는 A가 B보다 작다는 것을 알 수 있습니다. 첫 번째 문장에서 결정할 수 없었던 문제가 두 번째 문장에서 분명해졌지요. 이처럼 문제를 해결하는 과정에서 어려운 부분이 나타나면, 그 부분을 뒤로 잠시 미루어 두고 다른 부분을 먼저 해결해 나가는 방법을 '연기전략'(나중에 해결하기)이라고 합니다."

3) B〉 D〉 A〉 C

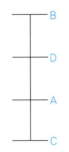

2-2

1) 외국어 공부의 어려운 정도
2) 러시아어〉 독일어〉 프랑스어〉 이탈리아어

▷ '이탈리아어는 프랑스어보다 쉽다.' 이 부분은 '연기전략'으로 해결한다.

3) 영희 오빠는 러시아어를 가장 어렵게 생각하고, 이탈리아어를 가장 쉽게 생각한다.

생각연습 15~17쪽

3-1

1) 키가 큰 정도
2)

▷어떤 그림으로 나타내든 '은하〉 민주〉 슬기〉 진실'의 관계를 나타내면 된다.

3) 진실이는 은하보다 작다.

3-2

1) 돈을 많이 쓴 정도

2)

▷어떤 그림으로 나타내든 '다라〉 가나〉 마바〉 사아'의 관계를 나타내면 된다.

3) 다라〉 가나〉 마바〉 사아

3-3

1) 나이 먹은 정도

2)

▷어떤 그림으로 나타내든 '노마〉 현수〉 재호〉 동수〉 나리'의 관계를 나타내면 된다.

3) 노마가 제일 나이가 많고 나리가 제일 어리다.

Ⅰ. 그림과 기호를 이용한 문제 해결

2. 어렵게 표현된 문제와 필요한 내용이 빠진 문제

문장이 어렵게 표현된 문제나, 문제 해결에 꼭 필요한 정보가 빠진 문제의 해결을 다루게 된다. 학생들은 문제에서 주어진 정보들을 그림이나 기호로 나타내 봄으로써, 쉽게 문제를 해결하거나 어떤 정보가 빠져 있는지를 알 수 있게 될 것이다.

첫 번째 생각여행 18~21쪽

▷어려운 낱말과 복잡한 문장으로 이루어진 문제를 표상전략과 연기전략을 이용하여 해결하는 방법을 익히게 된다.

▶"어떤 문제들은 어려운 낱말들을 사용했기 때문에 이해할 수 없는 경우가 있습니다. 많은 사람들이 이런 문제들을 만나게 되면 처음부터 문제를 포기해 버립니다. 그러나 그런 문제들도 그림이나 기호로 나타내 보면 의외로 쉽게 해결되는 경우가 많습니다. 여기에서는 문제를 나타내는 낱말의 의미를 파악하기 어려울 때, 그림이나 기호로 나타내는 표상전략을 이용하여 문제를 해결하는 연습을 하게 됩니다."

1-1

1) 답 생략

▷단신, 상대적으로, 장신, 언급, 신장, 월등 등의 낱말이 어려울 것이다. 문제를 해결하기에 앞서, 학생들과 함께 이러한 낱말의 뜻을 먼저 알아본다.

2) 키

3) 현수〉 재호〉 병태〉 노마

4) 현수

1-2

▷예상되는 어려운 낱말은 타자, 타력, 타율, 외야수, 신참, 고참, 포수 등이다.

1) 타율

2) 그림 답 생략

▷정수근〉 김민호〉 김동수〉 최창호의 순으로 표현하면 된다. '정수근 선수와 김동수 선수는 최창호 선수보다 타력이 월등하다'에서 정수근과 김동수는 타력 비교가 불가능하므로 뒤

로 미루어 두어야 한다. (연기전략)

3) 최창호 선수의 타력이 가장 낮고 김동수 선수의 타력이 두 번째로 낮다.

1-3

▷ 예상되는 어려운 낱말은 취득, 후원, 비공식, 추정, 탁월, 추리 등이다.

1) 시험 점수
2)
3) 김병옥이 가장 높은 점수를 받았고, 변정희가 가장 낮은 점수를 받았다.

두 번째 생각여행 22~23쪽

▷ 문제 해결에 꼭 필요한 정보 중에서 빠진 것이 무엇인지를 찾아내는 활동을 하게 된다.

2-1

1) 몸무게
2) 그림 답 생략
▶ "어떤 문제점이 생겼나요? 그렇지요, 명자가 영옥이보다 무겁기는 하지만 새롬이나 보람이보다 무거운지 가벼운지를 판단할 수가 없습니다. 명자는 새롬이나 보람이보다 무거울 수도 있고 가벼울 수도 있기 때문에 명자의 위치를 어떻게 나타내야 할지 결정하기 어렵습니다."
3) 위의 내용만으로는 알 수 없다.
4) 새롬이와 명자의 몸무게를 비교할 수 있는 것
▶ "여기에서 우리는 표상전략을 이용하여 이 문제가 제시하는 정보만으로는 명자의 몸무게가 새롬이나 보람이의 몸무게보다 더 무거운지 가벼운지 알 수 없다는 것을 분명히 알게 되었습니다."

2-2

1) 나이
2) 그림 답 생략, '병호/동수〉정민' 그리고 '영신〉정민'
3) 위의 내용만으로는 알 수 없다.
4) 영신은 병호보다 나이가 많다, 병호는 영신보다 나이가 많다, 영신은 동수보다 나이가 많다, 동수는 영신보다 나이가 많다 등
▷ 영신과 병호/동수를 비교하는 내용이면 된다.

생각연습 24~25쪽

3-1

1) 쓴 돈의 양
2) 종숙〉명옥〉은희〉소영

3) 소영이가 가장 적게 썼다.

3-2

1) 학교와 집의 거리
2) 그림 답 생략, '영희〉순자〉철호/민수' '영희〉경숙/현숙' '경숙〉순자'
3) 위의 내용만으로는 알 수 없다.
4) 현숙이는 순자보다 가까운 곳에 산다/현숙이는 철호(또는 민수)보다 가까운 곳에 산다/순자는 현숙이보다 가까운 곳에 산다
▷ 현숙이와 순자를 직접적으로나 간접적으로 비교할 내용이 들어가야 한다.

Ⅰ. 그림과 기호를 이용한 문제 해결

3. 문제 만들기

앞에서 배운 것을 바탕으로 문제를 직접 만들어 보는 활동을 하게 된다. 학생들로 하여금 창의력을 발휘하여 '해결 가능한 문제'를 직접 만들어 보게 한다.

첫 번째 생각여행 26~27쪽

▶ "추리작가들은 결말을 먼저 생각해 놓고 이야기를 쓰기 시작한다고 합니다. 그들은 또 이런 방법으로 특정한 상황을 설정해 놓고 그것을 논리적으로 해결해 나가지요. 여기서는 앞에서 배운 것들을 바탕으로 여러분 스스로 문제를 만들어 보게 됩니다. 물론, 해결이 가능한 문제를 만들어야 하지요. 여러분 자신이 추리작가가 되어 해결책을 미리 생각해 놓고 그것에 맞는 문제를 만들어 보세요."

▶ "먼저, 미리 답이 정해져 있고, 그러한 답이 나오는 문제를 만들어 봅시다."

1-1

1) 손가락은 모두 몇 개입니까?
2) 3 더하기 7은 얼마인가요?
▷ 이 외에도 얼마든지 다양한 문제가 제시될 수 있을 것이다.

1-2

은주는 병길이보다는 멀리 있지만, 봉수보다는 가까이 있습니다. 집에서 가장 가까이 있는 사람은 누구입니까?

두 번째 생각여행 27~29쪽

2-1

1) 철호는 은주와 경희보다는 무겁지만 민호보다는 가볍다. 은주는 경희보다는 무겁다. 가장 무거운 사람은?
▷ 몸무게의 차원에서 네 사람의 무게를 비교하는 문제를 만들면 된다.
2) 철호네 집은 은주와 경희네 집보다는 크지만, 민호네 집보다는 작다. 은주네 집은 철호네 집보다 작지만 경희네 집보다는 크다. 가장 작은 집에 사는 사람은?

2-2

1) 해왕성은 천왕성보다는 지구에서 멀리 떨어져 있지만 명왕성보다는 가깝다. 지구에서 가장 멀리 떨어져 있는 행성은?
2) ① 태양계 행성의 순서
   ②

   ③ 지구는 태양을 중심으로 공전하는 행성이다. 수성과 금성은 지구보다 태양에 가깝고, 화성, 목성, 토성, 천왕성, 해왕성의 순서로 지구보다 태양에서 멀리 떨어져 있다. 태양에서 가장 가까운 행성은 수성이고 가장 먼 행성은 명왕성이다. 태양계의 행성들을 순서대로 나열하여 보아라.

2-3

1) 나래는 유리와 슬기보다 욕심이 많다. 슬기는 유리보다 욕심이 없지만 희철이보다는 욕심이 많다.
▷ 학생들이 낸 문제들이 해결 가능한지 따져 본다. 예컨대, 꼭 필요한 정보가 빠지지는 않았는지 확인해 본다.
2) ① 달리기 속도 ② 나래가 가장 빠르다.
   ③ 슬기는 희철이보다 빠르지만 유리와 나래보다는 느리다. 유리는 슬기보다는 빠르지만 나래보다는 느리다. 가장 빠른 사람은 누구인가?

생각연습 30~31쪽

3-1

1) 야행성/고양이와 개가 밤에 먹이를 찾아서 활동을 한다면, 누가 더 빨리 먹이를 잡을 수 있을까?
2) 수염의 길이/고양이와 개 중에서 수염이 더 긴 동물은 무엇인가?

▷ 이 외에도 얼마든지 다른 문제를 낼 수 있을 것이다.

3-2

1) D와 E는 C보다 춥고, B는 너무 덥다. A가 가장 덥고, E는 가장 춥다. 사람이 살기에 가장 적당한 온도는?

2) ① 승패
   ② C팀
   ③ A팀은 B팀과 C팀을 이기고, C팀은 B팀에게는 지지만 D팀과 E팀에게는 이긴다. E팀은 최하위 팀이다. 3위 팀은 어느 팀인가?

Ⅱ. 표를 이용한 문제 해결

4. 표로 나타내어 해결하기

여기에서는 두 개 이상의 차원이 관련된 문제를 '양적인 차원'에서 해결하는 방법을 배우게 된다.

첫 번째 생각여행 34~37쪽

▶ "지금까지 우리는 키, 몸무게, 씀씀이 등과 같은 특징을 그림이나 기호로 표시하여 비교해 보는 문제들을 다루었습니다. 그런데 그 문제들은 크다/작다, 무겁다/가볍다, 많다/적다와 같이 단지 순서적인 차원에서 비교하였을 뿐이고, 150cm라든가 40kg 등과 같이 일정한 양으로 비교하지는 않았습니다. 그것은 문제 안에 있는 차원이 한 가지여서 꼭 수치를 모르더라도 비교가 가능했기 때문입니다."

"그러나 만약 문제 안에 두 개의 차원이 관련되어 있다면 어떻습니까? 또 세 개 이상의 차원이 관련되어 있다면 어떻습니까? 이런 경우에도 앞에서와 같이 쉽게 그림이나 기호로 나타낼 수 있을까요? 오늘부터 배울 내용은 여러 가지 차원을 가지고 있는 복잡한 문제들을 표를 이용하여 쉽게 풀어 보는 방법에 관한 것입니다."

1-1

1) ① 수량:지우개의 수, 연필의 수
   ② 학용품의 종류:지우개, 연필

2)

학용품＼사람	병수	종우	명호
연필 9개	1	3	5
지우개 6개	3	2	1

▶ "표를 모두 완성했나요? 연필과 지우개의 합계가 맞는지 확인해 보세요. 다음 문제들도 지금 했던 것처럼 표를 만들어 해결해 보세요."

1-2

1) ① 수량:영화 테이프 수, 영어학습 테이프 수, 과학 테이프 수
   ② 테이프의 종류:영화 테이프, 영어학습 테이프, 과학 테이프

2)

학용품＼사람	경주	은주	민주
영화 테이프 15개	3	8	4
영어 학습 테이프 (5)개	3	1	1
과학 테이프 (10)개	4	3	3
합계(30)개	10	12	8

1-3

1) ① 수량:천 원 지폐의 수, 만 원 지폐의 수
   ② 지폐의 종류:천 원, 만 원

2)

지폐＼사람	정우	정기	정호
천 원짜리 (7)장	1	4	2
만 원짜리 (9)장	1	5	3

생각연습 38~39쪽

2-1

1) 빨간 스티커 8장과 파란 스티커 12장
2) ① 수량:파란 스티커의 수, 빨간 스티커의 수
   ② 색깔:파란 스티커, 빨간 스티커

3)

스티커 색깔 \ 사람	인호	민호	진호
빨간 스티커 8장	3	3	2
파란 스티커 12장	3	4	5

2-2

1)

신발 \ 식구	아빠(5)	엄마(5)	나(5)
구두	2	3	1
운동화	1	1	2
샌들	2	1	2

1) 아빠는 구두 2켤레와 운동화 1켤레와 샌들 2켤레를, 엄마는 구두 3켤레와 운동화 1켤레와 샌들 1켤레를, 나는 구두 1켤레와 운동화 2켤레와 샌들 2켤레를 갖고 있다.

2-3

A, B, C 농장에서 기르는 닭은 모두 50마리이고, 개는 모두 30마리이다. A 농장에서는 10마리의 닭을 키우고, C 농장에서는 15마리의 닭을 키운다. A 농장과 C 농장은 각각 개의 수가 닭의 수와 같다. B 농장에서 기르는 닭과 개의 수는 각각 얼마인가?

▶ "문제에 복잡하게 진술된 내용을 한번에 모두 파악하기는 어렵기 때문에 표를 이용하여 여기에서 한 부분을 취하고, 저기에서 한 부분을 취해서 그 부분들을 결합함으로써 문제에 나타난 상황을 명확하게 알아낼 수 있었습니다."

II. 표를 이용한 문제 해결

5. 값이 없는 항목이 들어 있는 표

주어진 문제에서 제시된 정보를 표로 나타내어 가며 문제를 해결하는 방법을 익히게 된다. 단, 여기에서는 표에 값이 없는 항목들이 포함된다는 점에 유의해야 한다.

▶ '값을 모른다'는 것과 '아무 값도 없다'는 것의 차이는 무엇인가? '값을 모른다'는 것은 주어진 정보만으로는 해당 항목의 값을 알 수 없다는 뜻이고, '아무 값도 없다'는 것은 해당 항목의 값을 알고 있으며, 엄격하게 말하면 그 값은 '0'이라는 것이다.

▶ "'아무 것도 없는 것이 너무 많다'는 말을 한번 생각해 보세요. 이 말을 가만히 생각해 보면 정말 이상하다는 생각이 들지요? 어떻게 아무 것도 없는 것이 많이 있을 수 있을까요? 아무 것도 없는 것은 그저 없는 것일 뿐이니까요."

"아무 것도 없다는 말이 무슨 뜻인지를 깨닫는 것은 무엇인가가 있다는 것을 아는 일만큼이나 중요한 일입니다. 여기서는 바로 이 '아무 것도 없는 것'에 관해서 배우게 됩니다."

첫 번째 생각여행 40~42쪽

1-1

▶ 문제에 나온 정보들을 표에 나타낼 때, 학생들이 최종적으로 표에서 비어 있는 칸을 어떻게 처리해야 할지 곤란을 겪을지도 모른다. 스스로 문제를 제대로 해결하지 못했다고 판단해 버릴 수도 있다. 따라서, 합계에 비추어볼 때 값이 분명히 '0'인 경우에는, 비워 두지 말고 그때그때 '0'을 기입하라고 말해 준다.

▶ "문제를 처음부터 차례대로 읽으면서 풀어 봅시다. 첫 번째 문장인 '명호, 준호, 봉호네 집에는 모두 16마리의 애완동물이 있습니다'의 내용을 표에 나타내려면 어떻게 해야 할까요? (맨 아래칸의 계에 16이라고 적습니다.)"

"이번에는 두 번째 문장을 읽어 보세요. 개는 몇 마리이고 고양이는 몇 마리인가요? (개는 3마리이고, 고양이는 6마리입니다.) 이것도 표에 적어 넣으세요."

"네 번째 문장에서 '준호네는 개와 앵무새를 싫어한다'는 말은 무슨 뜻이지요? (준호네는 개와 앵무새를 키우지 않는다는 말과 같습니다.) 그렇다면 표에서 준호네의 개와 앵무새 칸에 0을 적어 넣으면 되겠군요. 이런 식으로 계속 표를 완성해 나가세요."

1)

애완동물＼사람	명호	준호	봉호	계
개	2	0	1	3
고양이	0	4	2	6
햄스터	3	2	0	5
앵무새	2	0	0	2
계	7	6	3	16

2) 개 2마리, 햄스터 3마리, 앵무새 2마리가 있습니다.

1-2

▶ "첫 번째 문장에서 알 수 있는 것은 무엇인가요? (세 가족의 자녀는 10명입니다.)"

"두 번째 문장을 읽고 대답해 보세요. A씨네는 자녀수가 몇 명인가요? (두 명.) A씨네는 아들이 있나요? (딸만 둘입니다.) 이 내용을 표에 적어 넣으세요."

"세 번째 문장을 읽고 기록할 것은 무엇인가요? (B씨네 칸에 아들 1명, 딸 2명을 적습니다.)"

"네 번째 문장을 읽고 대답해 보세요. C씨네는 딸이 몇이지요? (1명입니다.) 그러면 C씨네는 자녀가 몇 명이어야 할까요? (5명이어야 합니다. A씨와 B씨네 집에는 모두 합하여 5명의 아들과 딸이 있는데, 세 사람의 자녀수의 합이 10명이라고 했으므로, C씨의 자녀 수는 5명이어야 합니다.) 그러면 아들의 수는 몇 명이 되지요? (5명−1명=4명입니다.)"

1)

자녀＼사람	A씨	B씨	C씨	계
아들	0	1	4	5
딸	2	2	1	5
계	2	3	5	10

2) C씨에게는 아들이 4명 있다.

1-3

1)

연도＼선수	A	B	C	계
1996	6	0	0	6
1997	2	14	14	30
1998	1	0	21	22
1999	6	7	7	20
계	15	21	42	78

2) A 선수:2승, B 선수:14승, C선수:14승, 합계:30승

3) 42승

생각연습 43~45쪽

2-1

1)

강아지＼사람	나리	혜리	세리	계
푸들	0	2	1	3
콜리	2	0	2	4
치와와	2	1	2	5
계	4	3	5	12

2) 나리는 콜리 2마리와 치와와 2마리, 혜리는 푸들 2마리와 치와와 1마리, 세리는 푸들 1마리, 콜리 2마리, 치와와 2마리를 키운다.

2-2

1)

종목＼국가	A	B	C	계
육상	2	0	2	4
수영	?	3	0	?
체조	?	3	4	?
계	6	6	6	18

2) B 나라는 3개, C 나라는 4개를 땄지만 A 나라는 알 수 없다. A 나라가 수영이나 체조에서 딴 메달에 관한 정보가 주어져야 한다.

2-3

영희네는 자동차와 텔레비전이 각각 2대씩 있다. 민희네와 주희네는 영희네 텔레비전 수와 같은 수의 텔레비전이 있다. 주희네는 자동차가 없고, 민희네는 컴퓨터가 없다. 세 집에 있는 자동차와 컴퓨터의 수를 모두 합하면 각각 3대씩이며, 텔레비전을 합한 수는 컴퓨터를 합한 수의 두 배이다. 영희네는 모두 몇 대의 컴퓨터가 있는가?

▶ "각자 만든 문제를 두 사람씩 바꾸어서 풀어 보고, 정답을 맞추어 보세요."

Ⅱ. 표를 이용한 문제 해결

6. 진리표를 이용한 문제 풀기 ①

참/거짓(예/아니오)의 구별이 가능한 정보들을 진리표에 나타내는 활동을 통해서 문제를 해결하는 방법을 익히게 된다.

첫 번째 생각여행 46~49쪽

▶ "지난 시간에 우리는 문제에 나온 내용들을 표로 만들고, 수로 나타내어 문제를 해결하는 방법을 익혔습니다. 이번 시간에도 진리표를 적절히 사용하여 '참'과 '거짓'을 따지는 논리적인 차원을 공부하게 됩니다."

▷ '참/거짓' 또는 '예/아니오'에 해당하는 정보를 진리표에 ○와 ×로 나타내어 문제를 해결한다.

1-1

▶ "먼저 세 소녀가 입을 수 없는 옷의 색깔이 무엇인지 표시해 볼까요? 어떤 내용으로부터 그것을 알 수 있나요? (세 아이 모두 자기 이름과 같은 색깔의 옷은 입고 있지 않다는 것입니다.) 그렇습니다. 진주는 진주색 난에, 보라는 보라색 난에, 장미는 빨간색 난에 ×표를 해야겠지요."

"이제 다른 단서를 찾아 봅시다. 빨간 옷을 입고 있는 아이는 누구라고 했나요? (진주입니다.) 그러면 진주는 빨간색 난에 ○표를 해야 겠군요."

"진주가 빨간색 옷을 입었다고 ○표를 하면 보라색 난에는 ×표를 해야 하겠지요. 그렇게 되면, 보라와 장미의 빨간색 난에는 ×표를 할 수 있지요. 이제 보라와 장미의 옷 색깔도 쉽게 찾을 수 있게 되었군요. (네, 보라는 진주색 옷을 입었고, 장미는 보라색 옷을 입었습니다.)"

1)

옷 색깔 \ 사람	진주	보라	장미
보라색	×	×	○
빨간색	○	×	×
진주색	×	○	×

2) 진주는 빨간색, 보라는 진주색, 장미는 보라색 옷을 입고 있다.

▶ "이처럼 진리표를 이용하니까 처음에는 아주 복잡해 보이는 문제도 쉽게 해결할 수 있었습니다. 일단 진리표를 완성하고 나면 무엇이 참이고 거짓인지를 직접적이고도 분명하게 알 수 있게 됩니다."

"항상 그런 것은 아니지만, 많은 경우에 진리표가 나타내는 가능성들은 서로 배타적입니다. 여러분은 '서로 배타적인'이라는 말이 무슨 뜻인지 알고 있나요? 다음과 같은 예를 보고 이해해 보도록 하세요."

〈서로 배타적인 경우〉

*잠이 깸—잠이 들어 있는

*과일이 익은—과일이 익지 않은

*전등을 켬—전등을 끔

*집 안—집 밖

"정상적인 사람이 잠이 깨어 있으면서 동시에 잠이 들어 있을 수 있나요? (아니오.) 정상적인 사람이라면 잠이 깨어 있거나 아니면 잠이 들어 있어야 합니다. 즉, 서로 배타적이라는 것은, 어떤 것이 어느 한 경우라면 다른 것일 수 없음을 뜻합니다. 위 문제에서, 진주가 빨간색 옷을 입은 것이 결정된 것은, 진주는 보라색이나 진주색 옷은 입고 있지 않다는 것을 뜻합니다. 진주가 빨간색 옷을 입었다는 것을 알게 되는 순간, 장미와 보라가 어떤 색의 옷을 입고 있는지 알게 되는 것은 이런 배타적인 특성 때문입니다. 계속해서 이 문제와 비슷한 문제들을 더 생각해 볼까요."

1-2

▷ 이 문제는 문제 해결에 필요한 요소가 빠져 있다. 즉, 진리표를 완성할 수 있는 정보가 불충분하다. 학생들에게 일단 문제를 풀게 한 뒤에, 왜 해결이 불가능한지 알아보게 한다.

1) 표를 완성할 수 없다.

2) 해결할 수 없다.

은주는 노랑 옷을 입지 않았다. 은주는 초록 옷을 입지 않았다. 혜영이는 빨간 옷을 입지 않았다. 혜영이는 초록 옷을 입지 않았다.

▶ "은주가 노랑색 옷을 입고 있지 않다고 가정하고 다시 문제를 해결해 보세요."

"이제 은주가 어떤 색 옷을 입고 있는지 알 수 있나요? (은주는 빨강, 노랑, 검정색 옷을 입고 있지 않으므로 초록색을 입고 있습니다.)"

"초록색 옷의 다른 난에는 모두 ×표를 해야겠군요. 어떤 줄이나 칸에 ○표를 하게 되면 나머지 줄이나 칸에는 모두 ×표를 할 수 있기 때문이지요. 이것은 배타성 때문입니다. 이제 나머지 아이들의 옷 색깔도 자연히 알 수 있게 됩니다."

1-3

1) 민주의 옷은 빨강, 지영의 옷은 초록, 경희의 옷은 검정, 정미의 옷은 노랑이다.

옷 색깔 \ 사람	민주	지영	경희	정미
빨강	○	×	×	×
초록	×	○	×	×
노랑	×	×	×	○
검정	×	×	○	×

2) 민주의 옷은 빨강, 지영의 옷은 초록, 경희의 옷은 노랑, 정미의 옷은 검정이다.

옷 색깔 \ 사람	민주	지영	경희	정미
빨강	○	×	×	×
초록	×	○	×	×
노랑	×	×	○	×
검정	×	×	×	○

3) 민주의 옷은 빨강, 지영의 옷은 초록, 경희의 옷은 노랑이다.

옷 색깔 \ 사람	민주	지영	경희
빨강	○	×	×
초록	×	○	×
노랑	×	×	○

4) 지영의 옷은 노랑, 경희의 옷은 빨강, 정미의 옷은 초록이다.

옷 색깔 \ 사람	민주	지영	경희	정미
빨강	×	×	○	×
초록	×	×	×	○
노랑	×	○	×	×

생각연습 49~51쪽

2-1

1)

맡은 위치 \ 사람	종수	범근	영호
골키퍼	×	○	×
공격수	○	×	×
수비수	×	×	○

2) 수비수이다.

2-2

1)

과일 \ 사람	영길	철호	민수
사과	×	×	○
배	○	×	×
감	×	○	×

2) 철호

2-3

1) 위의 내용만으로는 표를 작성할 수 없다.

2) 해결할 수 없다.

경철이는 야구를 싫어한다. 경철이는 농구를 싫어한다. 민철이는 축구와 야구를 싫어한다.

2-4

영호, 영희, 영철이는 각각 다른 애완동물을 기릅니다. 이 아이들이 기르는 애완동물은 강아지, 고양이, 토끼입니다. 영호는 고양이와 토끼를 싫어하고, 영희는 토끼를 싫어합니다. 세 어린이는 각각 어떤 애완동물을 기르고 있나요?

Ⅱ. 표를 이용한 문제 해결

7. 진리표를 이용한 문제 풀기 ②

진리표를 이용하여 문제를 해결하는 연습을 하면서, 좀더 어렵고 논리적인 차원의 문제를 다루게 된다.

첫 번째 생각여행 52~54쪽

▶ "지난 시간에 우리는 표를 만들어 문제를 쉽게 해결하는 방법을 배웠습니다. 문제에 제시된 정보들을 표에 정리해 놓으면 문제를 더 정확하고 분명하게 파악할 수 있습니다. 여기서는 좀더 어렵고 재미있는 문제들을 풀어 보겠습니다."

1-1

▷ 등장인물들은 '거짓말쟁이 모임'의 회원으로 모두 반대로 말하고 있다는 점에 유의해야 한다.

▶ "'경철이는 경자와 결혼할 것'이라는 내용으로부터 우리는 무엇을 알 수 있나요? (경철이는 거짓말을 하고 있으므로 경자와 결혼하지 않을 것임을 알 수 있습니다. 따라서 경자 줄의 경철 난에 ×표를 할 수 있습니다.)"

"'경자는 자신의 남편감이 명우'라는 내용으로부터 우리는 무엇을 알 수 있나요? (경자는 거짓말을 하고 있으므로 명우 난에 ×표를 할 수 있고, 따라서 경자는 종호와 결혼할 것임을 알 수 있습니다.)"

"그러면 종호 난의 나머지 자리에는 ×표를 해야겠군요."

"'명우는 순희와 결혼할 것'이라는 내용으로부터 알 수 있는 것은 무엇인가요? (명우는 거짓말을 하고 있으므로 순희 난에 ×표를 할 수 있고, 따라서 명우는 영옥이와 결혼할 것입니다. 그리고 그렇게 되면, 자연히 경철이와 순희가 결혼할 사이임을 알 수 있게 됩니다.)"

여자\남자	경철	종호	명우
경자	×	O	×
영옥	×	×	O
순희	O	×	×

경철이와 순희, 종호와 경자, 명우와 영옥이가 결혼할 사이이다.

1-2

▶ "'예쁜이는 가장 작습니다.' 이 단서에 따르면, 무엇을 알 수 있나요? (예쁜이는 햄스터입니다. 제시된 동물 가운데에서 가장 작은 것은 햄스터이기 때문입니다.)"

"햄스터와 예쁜이 난에 O표를 하고 나머지 난에는 ×표를 하면 되겠군요. 이번에는 '강아지는 귀염둥이보다 어립니다.' 이 단서를 통해서 알 수 있는 것은 무엇인가요? (이 단서에 따르면, 강아지의 이름은 귀염둥이가 아닙니다.)"

"'씽씽이는 토끼보다 사납고, 강아지보다 높은 곳에 잘 올라갑니다.' 이 단서에 의하면 무엇을 알 수 있나요? (강아지의 이름은 씽씽이가 아니고, 토끼의 이름도 씽씽이가 아닙니다. 따라서 씽씽이는 고양이의 이름입니다.)"

이름\동물	햄스터	토끼	고양이	강아지
씽씽이	×	×	O	×
귀염둥이	×	O	×	×
꾸러기	×	×	×	O
예쁜이	O	×	×	×

1-3

	정호	병호	경수	명수
골키퍼	×	×	O	×
수비수	O	×	×	×
공격수	×	O	×	×
빠져야할선수	×	×	×	O

▷ 각각의 단서에서 배제하는 것이 무엇인지 알아내고, 해당하는 난에 ×표를 해 나가면 문제가 쉽게 해결될 수 있을 것이다.

정호는 명수와 같이 뛰기를 싫어하므로, 그 팀에는 정호, 경수, 병호가 포함되거나, 명수, 경수, 병호가 한 팀이 되어야 한다. 그런데 병호는 경수와 명수가 동시에 끼는 것을 반대하므로, 두 번째 가능성은 배제된다. 따라서 명수는 경기에 참여하지 못한다.

생각연습 55~56쪽

2-1

	남자/여자	교사	군인	은행원	약사
A	여	×	×	○	×
B	남	×	×	×	○
C	남	×	○	×	×
D	여	○	×	×	×

▶"표를 다 만들었나요? 먼저 군인은 남자인가요, 여자인가요? ('단서 5'를 보면 군인은 남자입니다.) 그러면 누가 남자인가요? ('단서 4'와 '단서 6'을 보면 B와 C가 남자임을 알 수 있습니다.) 그런데 '단서 4'에서 B는 군인이 될 수 없으므로, C가 군인이겠군요."

"여자는 누구누구인가요? (B와 C가 남자임이 밝혀졌으므로, A와 D가 여자입니다.)"

"약사는 누구인가요? ('단서 7'에서 D는 약사가 아니므로, 남자인 B가 약사입니다.)"

"'단서 8'로 알 수 있는 것은 무엇인가요? (A는 교사가 아니라고 했으므로, 은행원입니다. 따라서 D는 교사가 되어야 합니다.)"

2-2

운동＼사람	영호	진수	민철	수경	은지
축구	○	×	×	×	×
농구	×	×	○	×	×
탁구	×	○	×	×	×
야구	×	×	×	○	×
수영	×	×	×	×	○

▷공을 사용하지 않는 운동은 수영이므로, 은지는 수영을 좋아한다. 농구공이 가장 크므로, 민철이는 농구를 좋아하고, 가장 작은 공은 탁구공이므로, 진수는 탁구를 좋아한다. 탁구공보다 크지만 축구공보다 작은 공은 야구공이므로, 수경이는 야구를 좋아한다.

Ⅲ. 모의실험을 이용한 문제 해결

8. 실험을 통한 문제 해결

앞에서는 복잡한 문제가 주어졌을 때 그 문제가 담고 있는 내용을 그림이나 표로 나타내어 쉽고 빠르게 문제를 해결하는 방법이 제시되었다. 8과부터 10과까지는 모의실험(simulation)을 통한 문제 해결 방법에 관하여 공부를 하도록 구성되어 있다.

첫 번째 생각여행 58~61쪽

▶"만약 문제에 나타난 상황이 그대로 있지 않고 계속 바뀐다면 어떻게 해야 할까요? 즉 움직이는 상황을 쉽게 이해하기 위해서는 어떻게 해야 할까요?"

1-1

▷여기서는 움직이는 상황을 실제로 그림을 그려 가면서 문제를 해결한다.

▶"때에 따라서는 무엇인가를 설명할 때 그것을 직접 행동으로 보여주는 것이 도움이 될 경우가 있습니다. 예를 들어, 누가 어떻게 방 안으로 들어갔는지를 설명해야 할 때, 말로 설명하는 것보다 직접 행동으로 나타낸다면 쉽게 이해시킬 수 있을 것입니다."

1)

▷낮 90cm—밤 60cm=30cm이므로, 150÷30=5(일)이라고 단순하게 생각하기 쉽다. 실제로 그림을 그려 가며 해결해 보면 다른 결과가 나온다는 점을 보여주어야 한다.

▶"쉽게 해결할 수 있었나요? 달팽이는 매일 낮 90cm를 올라가지만 매일 밤 60cm를 미끄러져 내려오므로 하루 24시간 동안 단지 30cm만 올라갈 수 있습니다. 그러므로 1m 50cm를 오르는 데에는 5일이 걸릴 것처럼 보입니다."

"그러나 그러한 답은 틀린 답입니다. 그러면 옳은 답이 무엇인가를 쉽고 분명하게 알아내는 방법은 무엇일까요? 먼저 벽의 높이를 그림으로 나타내어 보세요."

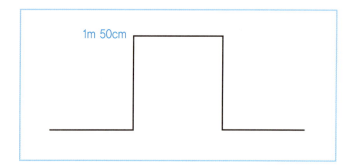

"이제는 한 손가락 끝을 문제에 나타난 대로 달팽이처럼 위아래로 움직여 보세요."

2)

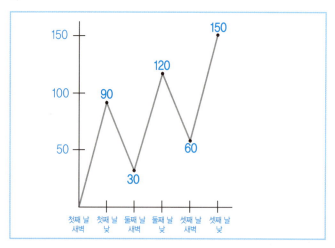

▶ 칠판에 '첫째 날 새벽'에 있을 위치부터 차례대로 위치를 그려 가며, 벽의 끝에 언제 도달하게 되는지 알아본다.

▶ "그림으로 그려 가면서 생각하니까 문제가 쉽게 풀렸나요? 이 문제에서처럼 어떤 상황이 시간의 흐름에 따라 변화하는 경우에, 그 상황에 따라 행동으로 옮겨 보거나 그것을 그림으로 나타내 보면 쉽게 답을 찾을 수 있습니다. 달팽이가 24시간마다 30cm씩 올라가므로 벽의 꼭대기까지 올라가는 데에는 5일이 걸린다고 생각하기 쉽습니다. 그러나 실제로 그 상황을 그림으로 나타내 보면, 셋째 날 낮이면 이미 그 달팽이는 꼭대기에 도달하게 되므로 밤 사이에 미끄러져 내려올 필요가 없게 된다는 사실을 우리는 알게 됩니다."

이틀하고 반나절

1-2

1)

"이 문제 역시 열차가 터널을 빠져나가는 과정을 그림으로 나타내 보고, 답을 생각해 보세요. 시간별로 열차와 터널의 위치를 그려넣어 보세요."

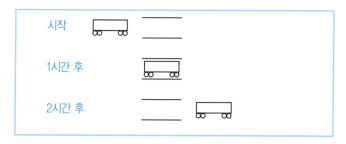

▶ "1km 길이의 열차가 1km 길이의 터널로 들어가는 데 한 시간, 터널을 완전히 빠져나가는 데에 한 시간, 모두 합쳐서 두 시간이 걸린다는 것을 알 수 있습니다."

2) 1km의 기차가 터널로 들어가는 데 1시간, 터널에서 완전히 빠져나가는 데 1시간 걸리므로 모두 2시간이 걸린다.

1-3

1)

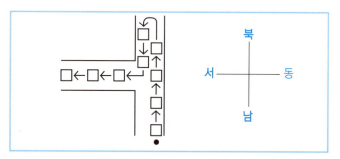

▶ "어떻게 나타내어 해결하였나요? 각자 여러 가지 방식으로 나타낼 수 있을 것입니다. 그 한 가지 방식은 먼저 동서남북을 나타내는 방위표를 그려 놓고, 그 방향에 따라서 길을 그려 넣는 것입니다. 그리고 문제에 나오는 내용을 손끝이나 연필 끝으로 따라 그려 나가면 됩니다."

2) 서쪽

생각연습 62~65쪽

2-1

1)

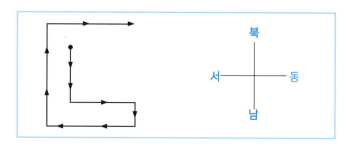

2) 동쪽

2-2
1)

2) 진달래길과 소나무길은 서로 평행하므로 만나지 않는다.

2-3
1)

2) **6분**

▶ "움직이거나 변화하는 상황을 담고 있는 문제는 읽고 바로 이해하기가 쉽지 않습니다. 그러나 우리는 오늘 그런 문제들은 그 상황에 따라 직접 움직여 보고 그림으로 나타내 봄으로써 쉽게 해결할 수 있다는 것을 알았습니다."

2-4
1)

2) 자가용 — 택시 — 버스 — 트럭

Ⅲ. 모의실험을 이용한 문제 해결

9. 흐름도를 통한 문제 해결

여기서는, 대상이 움직이는 과정을 생각하여 흐름도를 그려 보고 문제를 해결하는 연습을 하게 된다.

▶ "여러분은 편지가 어떻게 배달되는지 설명해 볼 수 있나요? 편지가 배달되는 경로를 그대로 그림으로 나타낼 수 있을까요? 아마도 우편물이 배달되는 과정에서 거쳐야 할 곳이 복잡하기 때문에 그 과정을 그대로 나타내기가 어려울 것입니다. 이러한 경우에는 편지가 배달되는 과정을 생각해 보고, 그것을 그림으로 나타내는 것이 좋을 것입니다. 이와 같은 그림을 '흐름도'라고 말합니다. 오늘은 그 흐름도를 통하여 문제를 해결하는 방법을 배우도록 하겠습니다."

첫 번째 생각여행 66~69쪽

▷ 돈을 꾸고 빌려 주는 과정을 화살표로 나타내어 봄으로써, 한눈에 전체 상황을 파악할 수 있는 방법을 익히게 된다.

1-1
▶ "사람들 사이의 거래 관계를 기호로 표시하여 그 움직임을 한 눈에 볼 수 있는 그림을 그려 봅시다. 문제를 차례대로 읽어 가면서 거래 관계를 화살표로 나타내고, 그 위에 해당하는 금액을 적어넣어 보세요."

1)

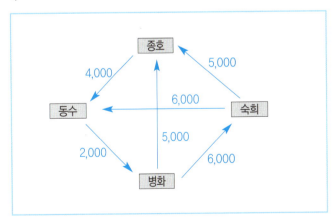

2) (동수)의 빚 (8,000)원/(종호)의 빚 (6,000)원/(14,000)/(숙희)가 받을 돈 (5,000)원/(병화)가 받을 돈 (9,000)원/(14,000)원

1-2
1)
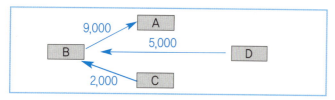

2) 4,000원

1-3
1)
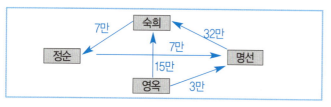

▷ 빚을 모두 청산하려면 숙희가 명선에게 220,000원을 갚고, 영옥에게 180,000원을 갚으면 된다. 180,000원을 받을 사람은 영옥이다.

2) 영옥

생각연습 70~71쪽

2-1
1)
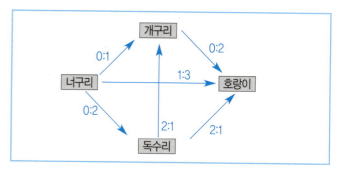

2) ① 2승 1패 ② 0승 3패 ③ 2승 1패 ④ 2승 1패
3) ① 승점 3, 실점 3 ② 승점 1, 실점 6
   ③ 승점 5, 실점 3 ④ 승점 6, 실점 3
4) 호랑이팀

▷ 개구리팀, 독수리팀, 호랑이팀의 승패가 같으나, 이 세 팀의 득실을 비교해 보면, 호랑이 팀이 가장 우수하다.

Ⅲ. 모의실험을 통한 문제 해결

10. 모의실험을 통한 문제 해결

앞에서 배운 방법들을 여러 가지 문제에 적용하여 그 방법들을 연습하는 활동을 하게 된다. 즉, 문제 해결에 적절한 기호를 만들어 문제의 대상, 그 대상들의 성질, 대상들 사이의 관계에 적용하는 연습을 하게 된다.

▶ "여기에서는 8, 9과에서 배운 방법들을 여러 가지 문제에 적용하여 그 방법들을 확실하게 익히도록 해 보세요. 여러분들은 이제 어떤 문제에 어떤 방법을 적용할 것인지를 스스로 판단하여 해결할 수 있어야 합니다."

첫 번째 생각여행 72~73쪽

1-1
1)

2) 오른쪽으로 돌아가야 한다.

1-2
1)

2) 나란히 놓여 있다. 평행하므로 만날 수 없다.

생각연습 74~77쪽

▶ "앞에서 배운 문제들 가운데 이 문제와 가장 비슷한 것은 어떤 것이라고 할 수 있나요? (돈을 빌려 주고, 빌린 것을 갚는 문제와 비슷합니다.)"

"그러면 이것을 어떻게 나타내면 좋을까요? (흐름도를 그려서 나타냅니다.)"

2-1
1)

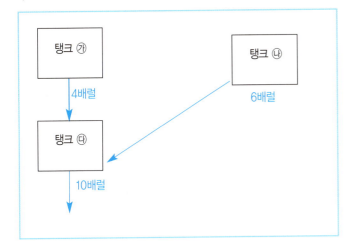

"탱크 〈나〉로부터 얼마의 기름이 빠져나갔나요? (6배럴)"

"그렇다면 탱크 〈가〉로부터 탱크 〈나〉로 얼마의 기름을 옮겨야 하나요? (6배럴)"

"그러기 위해서는 어떤 밸브를 열어야 하나요? (밸브 1)"

2) 밸브 1을 통해서 6배럴입니다.

2-2
1)

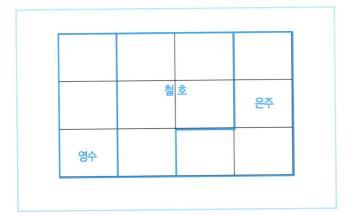

2) 4/12 또는 1/3

2-3
1)

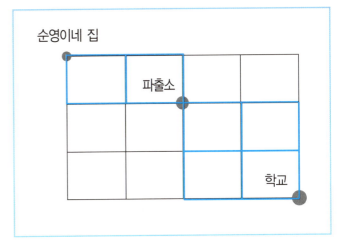

2) 3×6=18가지

2-4
1)

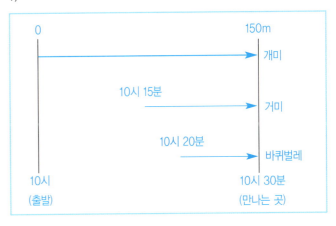

2) 개미는 30분 동안 150m를 갔고(30×5=150), 거미는 15분 동안 150m를 갔고(15×10=150), 바퀴벌레는 10분에 150m를 갔으므로(150÷10=15m) 바퀴벌레는 1분에 15m를 갔다.

▶ "지금까지 우리는 실제로 움직여 보거나 흐름도를 그려서, 주어진 문제가 담고 있는 내용을 확실하게 이해할 수 있었습니다. 대상들이 움직이거나 변화하는 내용을 담고 있는 문제를 해결할 때에는 이와 같은 방법을 이용하는 것이 좋습니다. 예를 들어서, 움직이는 교통 수단, 흐르는 액체, 돈의 흐름 등과 관련된 문제들을 해결할 때에는 많은 도움을 받을 수 있습니다."

Ⅲ. 모의실험을 이용한 문제 해결

11. 그림을 이용한 문제 해결

여기에서는 그림이나 기호로 나타내어 문제를 해결하는 방법을 연습하게 된다.

▶ "어떤 새로운 기술을 습득했다면 이 기술을 익히기 위해서 다른 상황에서도 적용해 볼 수 있어야 합니다. 여기에서는 앞에서 배운 방법들을 새로운 문제들에 적용하는 연습을 할 것입니다."

첫 번째 생각여행 78~81쪽

1-1

1)

▶ "이 문제를 해결하기 위해서는 여섯 회원의 이름을 나타내어야 합니다. 그 다음에는 문제에 주어진 내용을 차례대로 읽으면서, 누구로부터 누구에게로 화살표를 연결해야 할지 생각해 보고 그려 넣는 것입니다."

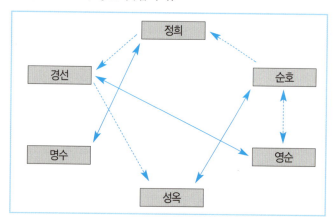

▶ "문제가 진술하는 내용을 모두 그림으로 나타내었나요? 어느 두 회원이 같은 짝이 되려면, 이들을 어떻게 나타내야 할까요? (두 화살표가 서로 나란하게 가리키고 있어야 합니다.)"

"나타낸 그림을 보면, 영순과 순호는 각각 두 명과 짝이 될 수 있게 나타나 있습니다. 만일 영순과 순호가 서로 상대가 된다면, 어떻게 되나요? (성옥이는 상대가 없게 됩니다.)"

"그렇다면 어떻게 짝을 지으면 될까요?"

2) 정희와 명수, 성옥과 순호, 영순과 경선이가 짝이 되어야 한다.

1-2

1)

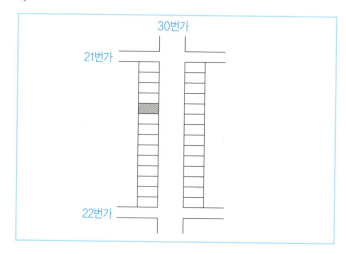

2) 14채가 있다.

1-3

1)

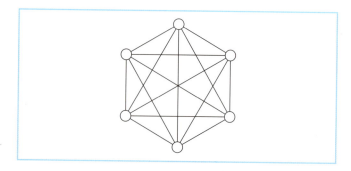

2) 6명이 1번씩 악수를 하면 15번이 된다.

1-4

1)

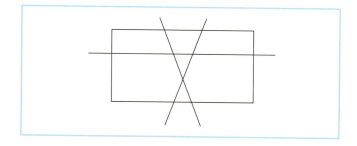

2) 7개

생각연습 81~83쪽

2-1

1)

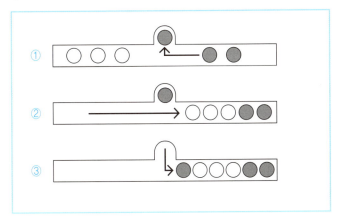

2) ① 빨간 공 한 개를 구멍에 들여 보낸다.
② 흰 공들을 오른쪽으로 민다.
③ 구멍에 들어 있던 빨간 공을 다시 줄로 들여온다.
④ 공들을 모두 왼쪽으로 밀고 빨간 공 한 개를 다시 들여 보낸다.
①~③의 과정을 3차례 하면 흰 당구공 세 개가 모두 오른쪽에 오게 된다.

2-2

1)

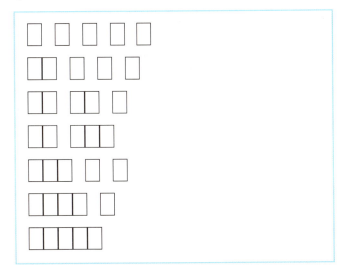

2) 20개

2-3

1)

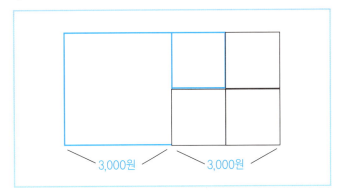

2) 저금한 돈이 얼마인지 알아볼까요? 6,000원÷2=3,000원.
그렇다면 3,000원이 남았습니다. 과자를 사는 데 얼마를 썼을까요? 6,000원÷4=750원.
남은 돈은 얼마입니까? 3,000원-750원=2,250원.

▶ "지금까지 우리는 문제에 나타난 상황을 흉내와 연기의 방법으로 나타내고 이해하여 문제를 쉽게 해결하는 연습을 했습니다. 여러분은 이제부터 어떤 대상이나 요소들 사이의 관계에 있어 변화가 포함되어 있는 문제를 만나게 되면, 흉내와 연기의 방법을 통해서 언제든지 답을 얻을 수 있을 것입니다."

종합연습
86~89쪽

1
1) 거리/공을 던진 거리
2) 철민이가 가장 멀리 던졌다.

2
1) 나이
2) 복술이가 검둥이보다 어리다.

3
1)

인형＼사람	세리	해리	테리
사람인형 12개	3	6	3
동물인형 9개	5	2	2

2) 세리는 사람인형 3개와 동물인형 5개, 해리는 사람인형 6개와 동물인형 2개, 테리는 사람인형 3개와 동물인형 2개

4
1)

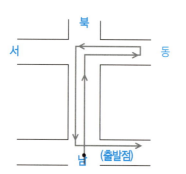

2) 동쪽을 향하고 있다.

5
1)

별명＼어린이	진수	상수	병수	흥수
흔들이	O	X	X	X
쥐돌이	X	O	X	X
꾀돌이	X	X	X	O
씩씩이	X	X	O	X

2) 진수는 흔들이, 상수는 쥐돌이, 병수는 씩씩이, 흥수는 꾀돌이다.

6
1)

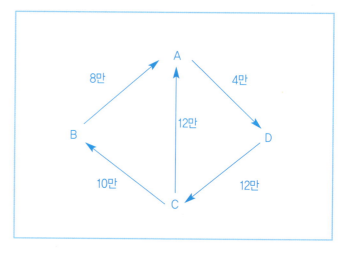

2) A가 16만 원, B가 2만 원을 내놓으면, C가 10만 원, D가 8만 원을 받으면 된다.

3단계 평가문제
90~100쪽

1
1) 키
2) C가 가장 크다.

2
1) 운동의 쉬운 정도/ 난이도

2) 영희 오빠는 테니스를 가장 쉽다고 생각하고, 태권도를 가장 어렵다고 생각한다.

3
1) 나이

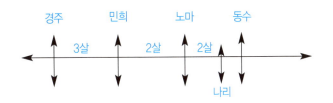

2) 동수가 가장 나이가 많고, 경주가 가장 어리다.

4

가축 \ 사람	박씨	정씨	김씨
닭 9마리	1	3	5
소 6마리	3	2	1

박씨는 닭 1마리와 소 6마리, 정씨는 닭 3마리와 소 6마리, 김씨는 닭 9마리와 소 6마리를 키우고 있다.

5

종류 \ 사람	아빠	엄마	나	계
모자	2	3	1	6
장갑	1	1	2	4
목도리	2	1	2	5
계	5	5	5	15

엄마는 모자를 3개 갖고 있다.

6

곰 농장, 너구리 농장, 까치 농장에서 키우고 있는 사과나무는 50그루이고, 복숭아나무는 30그루이다. 곰 농장에서는 사과나무 15그루를, 까치 농장에서는 10그루를 갖고 있다. 그런데 곰 농장과 까치 농장은 사과나무와 같은 수의 복숭아나무를 갖고 있다. 세 농장에서 각각 갖고 있는 사과나무와 복숭아나무는 몇 그루인가?

7
1) 영희는 하루 중 절반을 집 밖에서 생활을 하고, 집 안에서 생활하는 시간 중에서 7시간은 잠을 잔다고 한다. 영희가 집에서 잠을 자지 않고 생활하는 시간은 몇 시간인가?
2) 철수는 하루에 30분씩 운동을 한다. 철수가 10일 동안 운동을 한 시간은 몇 시간인가?

8
1) 영자는 친구가 모두 4명이다. 태수는 영자보다 친구가 두 배 많고, 경태는 영자의 절반만큼 친구가 있다. 그리고 선재의 친구 수는 경태의 친구 수의 절반이다. 경태의 친구 수는 몇 명인가?
2) 태수가 그 동안 받은 상장의 수는 8장이고, 영자는 그 수의 절반을, 경태는 그 수의 절반을, 선재는 그 수의 절반을 갖고 있다. 선재가 가진 상장의 수는?

9

1) 인구
2) 해 마을에 가장 적당한 수의 사람이 살고 있다.
3) 달 마을은 땅에 비해서 너무 많은 사람이 살고 있고, 별 마을은 달 마을보다 땅 넓이는 2배지만 인구는 5배나 된다. 해 마을은 달 마을보다 사는 사람 수가 적지만, 강 마을보다는 많다. 강 마을에는 땅에 비해서 사람이 너무 조금 살고 있고, 산 마을에는 사람이 거의 살고 있지 않다.

10

1) 성적
2) 별 — 달 — 해 — 강 — 산
3) 이번 수학 경시대회에서 별이가 가장 잘했고, 산이가 가장 못하였다. 해는 강보다는 잘하였지만 달보다는 못하였다. 잘한 순서대로 늘어놓으면 어떻게 될까?

11

1) 머리카락은 머리에 붙어 있는 털이다.
2) 둘 다 머리가 좋다거나 지혜롭다는 뜻이 있지만, '여우같은' 에는 '너무 약다' 는 의미가 포함되어 있다.

12

1) 빠르게
2) 아주 많이

13

1)

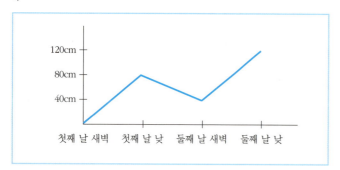

2) 하루하고도 반나절

14

15

이름＼동물	진돗개	삽살개	풍산개	쉐퍼드
씽씽이	O	X	X	X
귀염둥이	X	X	O	X
꾸러기	X	O	X	X
예쁜이	X	X	X	O

진돗개는 씽씽이, 삽살개는 꾸러기, 풍산개는 귀염둥이, 쉐퍼드는 예쁜이다.

16

	가	나	다	라
의사	X	X	X	O
경찰관	X	X	O	X
은행원	O	X	X	X
변호사	X	O	X	X
남자/여자	여자	남자	남자	여자

나와 다는 남자, 가와 라가 여자이다.

17

음식＼사람	김씨	이씨	박씨
된장찌개	X	X	O
김치찌개	X	O	X
두부찌개	O	X	X

김치찌개를 좋아하는 사람은 이씨이다.

18

동물＼사람	나리	세리	혜리
강아지	0	1	2
고양이	2	2	1
햄스터	2	2	0
계(12)	4	5	3

나리는 고양이 2마리와 햄스터 2마리를, 세리는 강아지 1마리와

고양이 2마리와 햄스터 2마리를, 혜리는 강아지 2마리와 고양이 1마리를 기르고 있다.

19

종목\사람	한국	미국	일본
육상	2	0	2
수영	3	3	0
체조	1	3	4
계	6	6	6

체조에서 한국은 1개, 미국은 3개, 일본은 4개의 금메달을 땄습니다.

20

세 마을에 있는 놀이터는 3개, 극장은 3개, 축구장은 6개이다. 개구리 마을에는 놀이터가 2개 있는데, 독수리 마을에는 같은 수의 극장이 있다. 세 마을은 모두 같은 수의 축구장을 갖고 있다. 독수리 마을에는 놀이터가 없고, 너구리 마을에는 극장이 없다. 너구리 마을에 있는 놀이터, 극장, 축구장을 모두 합하면 몇 개인가?